岩波現代文庫／社会 281

ゆびさきの宇宙

福島智・盲ろうを生きて

生井久美子

岩波書店

目次

ゆびさきの宇宙

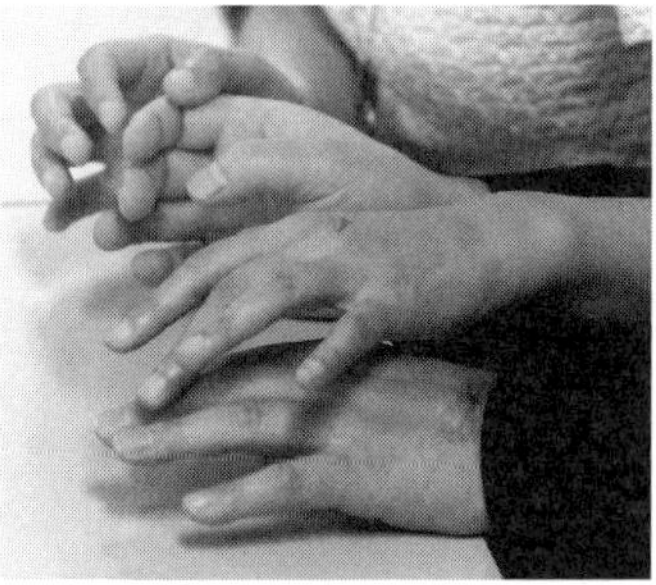

写真　福島智氏提供（38、39、42、53、57、117、139頁）
　それ以外、特に注記のないものは、中井征勝撮影

※本文中、敬称は略させていただきました。

詩　「指先の宇宙」

福島智・作

ぼくが光と音を失ったとき
そこにはことばがなかった
そして世界がなかった

ぼくは闇と静寂の中でただ一人
ことばをなくして座っていた

ぼくの指にきみの指が触れたとき
そこにことばが生まれた
ことばは光を放ちメロディーを呼び戻した

ぼくが指先を通してきみとコミュニケートするとき
そこに新たな宇宙が生まれ
ぼくは再び世界を発見した

コミュニケーションはぼくの命
ぼくの命はいつもことばとともにある
指先の宇宙で紡ぎ出されたことばとともに

プロローグ

目が見えず、耳も聞こえない。

「ヘレン・ケラーの世界って、どんなんやろ？」

福島智《さとし》(四六)は、八歳の夏の日、近くの裏山で目を閉じてみた。一歩踏み出すと、足元から崩れ落ちそうで、怖くてすぐ目を開けた。照りつける陽ざし、蟬時雨。むせかえるような緑の午後だった。

その一〇年後、福島はヘレンと同じような障害をもつ身になる。


羽をもがれるようにして、光と音を失って育つ。三歳で目に異常がみつかり、四歳で右眼を摘出。九歳で左の視力も失う。だが、やんちゃで白い杖で動き回り、柵を越え、ブランコに乗り、ジャングルジムで遊んだ。トランペットやピアノが好きで作曲もした。中学生になって、初めてサイモンとガーファンクルの『スカボロー・フェア』を聴いた感激。その哀しく美しいメロディーと切ない歌声に、音には色彩があり光があると知る。

そんな一四歳でこんどは右耳が聞こえなくなり、一八歳ですべての音も奪われる。

無音漆黒の世界にたった一人。地球からひきはがされ、果てしない宇宙に放り出されたような、孤独と不安にうちのめされる。

盲ろうになって、一番の苦痛は「見えない、聞こえない」ことそのものではなく、「人とコミュニケーションができないこと」だった。

「コミュニケーションは魂にとっての酸素、水。それなしではまるで「牢獄」にいるようです」

そこから救い出したのが母の考案した「指点字」と、「指点字通訳」の実践だった。

多くの支援を得て、盲ろう者として初めて大学に進学、道を切りひらき、いまは東京大学先端科学技術研究センター教授だ。米国の雑誌『TIME』でアジアのヒーローとして、松井秀喜、坂本龍一、オノ・ヨーコ、朝青龍らとともに紹介されたこともある。

大学院のゼミをのぞくと、通訳者が学生の発言やようすを、ピアノを弾くように福島の指先に伝えている。その速さ！　レジュメは電子メールでうけとり、点字変換ソフトで読む。そして、のどに力のはいった独特の声で話す。テーマは「障害とは何か」。このクラスには、視覚障害のある牧師さん、筋ジストロフィーで電動車いすを使う元高校の美術教師などさまざまな人が来ている。

学生が尋ねた。

「人工内耳をつける考えはありますか」

通訳者の指が福島の指先に伝える。福島がそくざに口を開いた。

「つけませんねえ。それは、盲ろうの人生の否定になりますから」

そして続けた。

「住む場所で考えてもらうとわかると思うんですけれど。たとえば、沖縄の離島に長く暮らしていて、急に東京に来いといわれても、移る気にはなれないんですよ。しかも東京での生活の安定にはなんの保障もないとしたらなおさら」

うなずきながら、別の学生がいった。

福島智さん近影.

「妻が、福島先生はエスパーではないか、といっています。先生のようなエスパーとお話しできて光栄です」

「ははあ、バルタン星から来ましたから」

教室に笑いがおき、福島もふふっと煙にまいた。

私も笑いながら、ふっと思った。

いまも、通訳者が手を離せば、福島は無音漆黒の闇に一人になる。感じるのは、いすの感触と、暖房機からときおりくる空気の動き、だれかのコロンの香り……。ここが地球か別の惑星か、東京・本郷か、アマゾンかも関係なくなる。福島のユーモアは、その圧倒的な孤独の言葉でもあるのだ。

盲ろうとは、現代の秘境に生きるようなものだと福島がいったのを思い出した。

生きること自体が戦いだ。

「いつもリングに上がって戦っているようで。いいかげん、リングから降りたくなるよなあ」と、ためいきをついたこともある。

苦悩には意味がある、と自分にいい聞かせて生きてきた。

帰りのタクシーのなかで、ふいに福島がいった。

「私は道具なのだと思う」

——何の？

「神の」

——どんな神ですか。

「ははは、紙くずかもしれない」

福島はこう落ちをつけた。

落語とＳＦを愛し、ユーモアと切なさをもつふしぎな人、福島智。
福島智に引き込まれ、追いかけながら、考えた。
生きるって何だろう。

1　盲ろうとは――「黙殺」されてきたその存在

「盲ろう者は、「黙殺」され「抹殺」されてきたんです」

福島の言葉に胸をつかれたことがある。

広辞苑になし

「盲ろう者」ときいてピンと来る人はまだ少ないかもしれない。「盲ろう」は、広辞苑にものっていない。

言葉として、社会的に広く認知されていないということだ。

広辞苑で、「もうろう」をひくと、最初に出てくるのは「孟浪」。「とりとめもないこと。まんらん」だ。私は恥ずかしいけれど、今回初めて知った。次が「朦朧」。意味は①おぼろなさま。かすんで暗いさま。②物事の不分明なさま。③意識が確かでないさま。

これは、福島が著書『盲ろう者とノーマライゼーション』(明石書店)でこのことを書いた一九九七年から変わっていない。

最近では、経済閣僚が国際会議のあとの記者会見でろれつが回らずしどろもどろだったのを報道する新聞の一面に、「もうろう会見」と大きな見出しがのったのが、私には、なんだか悲しかった。「盲ろう」の人たちの多くには、このニュースすら届いていないのだけれど。

国際的には、「deafblind」(デフブラインド)として知られ、国連の障害者の権利条約二四条にも明記されている。条約審議に参加した世界盲ろう者連盟(現会長はデンマークの盲ろう者)が働きかけて実現させた。

福島や全国盲ろう者協会(一二一ページ参照)は、こうした動きもふまえて、政府が条約を批准するときに「盲ろう」と訳すように各省に働きかけている。いまの政府仮訳では、その前に記述される視覚障害、聴覚障害につづき「これらの重複障害のある者」と訳されている。

そもそも、日本では「盲ろう者」について、法的に何の規定や定義もない。

一般に「目も見えず、耳も聞こえない人」「目と耳の両方に障害のある人」と理解されるぐらいで、具体的な障害の内容や、その大変さによって制度上どう位置づけられるかはあいまいだ。

身体障害の種類と等級を定めた「身体障害者福祉法」でも、「視覚障害」と「聴覚障害」はそれぞれ書かれているのに、両方をあわせた「盲ろう」にはいっさいふれていない。これが、政府が「これらの」と仮訳した理由でもある。

協会によると、「盲ろう」という言葉は、いまからちょうど六〇年前の一九四九年に山梨県立盲唖学校(現在の山梨県立盲学校)でこの重複障害への教育が始まって以来、習慣的に使われてきた歴史がある。英語の「deafblind」をそのまま訳して「ろう盲」という人もいるが、全国盲ろう者協会では行政用語として使われ、社会的に定着しつつある「盲ろう」に統一するのがよいと考えている。

多様なコミュニケーション法

福島の障害者手帳を開くと、こう書かれている。

身体障害程度等級一級
無眼球(右視力〇　左視力〇)
感音性難聴(右一一五dB　左一一五dB)

福島は右眼球を四歳、左眼球を二〇歳で摘出し、義眼を入れている。dB(デシベル)は、音圧の単位で、国際的に九一以上が最重度難聴。スケールアウトで測れない状態だ。福島は全く見えず聞こえない。

『盲ろう者への通訳・介助――「光」と「音」を伝えるための方法と技術』(読書工房)によると、盲ろうの人には、おおまかにいうと四つのタイプがある。

- 全く見えなくて聞こえない人 → 全盲ろう
- 全く見えなくて少し聞こえる人 → 全盲難聴
- 少し見えて全く聞こえない人 → 弱視ろう
- 少し見えて少し聞こえる人 → 弱視難聴

実際は、福島のような全盲ろう者は少なく、少し見えるか聞こえる人の方が多いという。「盲ろう者」といっても、先天性の盲ろう児・者と、短期間になった人、進行性の病気で徐々に視覚と聴覚を失う人、さらに知的障害や運動障害をあわせもつ人などさまざまだ。

コミュニケーション方法も、欧米では手話や指文字をもとにしたものが多いが、日本は点字を応用した「指点字」など種類が豊富で、必要に応じて複数の方法を使う人が多い。次のような方法がある。

「触手話」――聴覚障害の人が使う手話をもとに、その手話を触りながら触読する。

「指文字」――少しすぼめた手のひらに指で形づくった指文字を示して理解してもらう。手のひらへの当て方など若干の工夫がいる。

「指点字」――六つの点で表す点字のしくみを応用して、盲ろう者の両手の人さし指、中指、薬指の計六本の指先の「手の甲側」に指先でポンポンと打つ。

「ブリスタ」――ドイツ製点字タイプライターで幅一センチほどのテープに打ち出されてくる点字を読む。

「手書き文字」――手のひらに指で直接、文字を書く。特別な技術がなくてもすぐできるのが良い点。盲ろう者によって、ひらがなやカタカナだけの人、漢字もOKなど違う。

このほか、難聴の人には耳元で話したり、弱視の人には机上のパソコンの画面に大きな文字を映し出したり、紙に大きな文字を書く筆談もある。

二〇〇八年夏、広島で開かれた「第一八回全国盲ろう者大会」を訪ねると、こうしたさまざまな方法が会議場で使われ壮観だった。

盲ろう者については、福島が八三年に盲ろう者として初めて大学に進学したときや、〇一年の東大助教授(准教授)就任、〇八年教授昇進など福島の行動や人生が報道されることが多く、ほかの盲ろう者の存在は、まだまだ知られていない。

ヘレン・ケラー

盲ろう者として、もっとも有名なのは、ヘレン・ケラーだろう。

だが、ヘレンが生後一九カ月で盲ろうになり、野生児のような状態からアン・サリバンと出会って「人間」になる「誕生物語」であるのに対して、多くの盲ろう者は、人生の途上で光や音を失う「喪失」の人生を歩む。だからこそ、その人それぞれにあった支援が欠かせない。ヘレンは、指文字や相手の唇に触れて読み取る方法も使ったという。

作家のマーク・トウェインは、ヘレンが二四歳でハーバード大学を卒業したとき、「一九世紀にはふたりの偉人が出た。ひとりはナポレオン一世であり、いまひとりはヘレン・ケラーである。ナポレオンは武力で世界を征服しようとして失敗に終わった。しかし、ヘレンは三重苦(盲・ろう・唖)を背負いながら、心の豊かさと精神の力によって今日の栄誉をかちえた」と語ったという。世界の子どもたちがもっともよく知る偉人のひとりでもある。

その彼女は、日本との縁も深く、先の戦争前後に三度来日している。昭和一二(一九三七)年、二三年、三〇年。昭和一二年の初来日では、三カ月間ほとんど休養もとらずに、日本国内だけでなく、当時の朝鮮・満州まで足をのばした。全行程は一万四〇〇〇キロに及び、講演回数九七回、約一九万七〇〇〇人の人々に訴え続けた、と社会福祉法る。人日本ライトハウスの『日本ライトハウス四十年史』に、全日程とともに記録されている。

日本の福祉に与えた影響は大きかった。ヘレン・ケラーは、目が見えず耳が聞こえない盲ろう者なのだが、福島によると来日時に盲ろう者とはほとんど会っていない。わずかに昭和三〇年来日時、山梨県立盲学校で教育をうけていた盲ろう児との短い交流があった程度だという。

盲人など障害者の福祉を進めるために招かれ、会ったのは主に一般の人や視覚障害のある人たちだったという。当時の日本には、まだ、盲ろう者の支援組織も当事者団体もなにもなく、注目されていなかった。いまも、日本にあるヘレン・ケラーの名前のついた組織には、視覚障害者関係が多い。

一九九一年に福島を支援する会（一一二ページ参照）がもとになって、「全国盲ろう者協会」が生まれた。社会福祉法人は国内に一万八〇〇〇以上あるが、盲ろう者支援の団体はいまでもただひとつだ。わかりやすく関心をもってもらうために、〇六年からは協会名の前に「日本のヘレン・ケラーを支援する会」をかかげている。

世界的には、人口数千人から一万人に一人の割合で「盲ろう」の人がいるという。

日本には一万数千から二万人前後いると推定される。〇四年に全国盲ろう者協会が実態調査の一環として都道府県・政令指定都市に尋ねた調査によると、自治体が把握している盲ろう者数は九九八〇人(三六都道府県、九指定都市の回答)。うち実際に協会に登録している人は、七九七人だけだ(〇七年一二月現在)。

それ以外の人たちは、どうしているのだろうか。協会によると「いまある行政や協会の制度をつかって社会参加を試みている盲ろう者は、総数の六％ほどにすぎない」。盲ろう者の多くは高齢者で、在宅がほとんど。支援も受けられないまま、だれとも話さず、外出もせず、暗い海の底にいるのではないか。

何とかしたい。

福島は、地方銀行協会での講演で、「いきなりですが、盲ろう者福祉の増進のために、利子の一部を盲ろう者支援のための寄付にあてるような、「ヘレン・ケラー・ファンド」のようなものはできないでしょうか……」と呼びかけたこともある。

精神的戦場体験

福島が、「盲ろう者は、抹殺されている」と語ったのは、〇六年七月のインタビューのときだ。きっかけは、福島と妻の愛を描いたテレビドラマ『指先でつむぐ愛』が、〇六年春に放送され、福島役を演じた中村梅雀に、福島観を尋ねたことだった。

中村は、福島について「すごい生き物だと思った」と出会いの衝撃を語り、「変革者は、ある種の怒りをもっているのではないか」と話した。中村の見方を伝えると、福島は一気に話した。

「的を射ているかもしれない。私の中には怒りというか何というのか、このままでは終わらせたくない、とのエネルギーがあった。

盲ろうは、命は奪われていないけれど社会から黙殺されてきた。黙殺され、殺されてきた。実際に自殺した人も何人もいます。これはどこかおかしい。何かに怒ったということです。

私の場合は精神的な戦場体験で、いつも何かと闘っている。沈黙の状態は、拷問ですからね。

これまで影響をうけた本を考えると、トルストイの『戦争と平和』、五味川純平の『人間の條件』、大岡昇平の『野火』など、極限状態で生きるか死ぬか、人間性はどうあるのか、ということを主にしたものです。

盲ろうは、感覚器における全身性障害です。コミュニケーションや移動に全介助が必要だということです。その意味で、(重い障害がありながら)自立生活運動をしている人には、親近感を覚えますね。

盲ろう者は、内部の戦場体験をしている。それは、たったいまもです」

五万倍の絶望的な差

福島は、人をどう認識するのか。

顔も見えず、声も聞こえない。見た目が九割、などと視覚情報の大きさが指摘されるなかで、どう感じているのだろうか。

ずっと尋ねたいと思っていた。〇六年七月、兵庫県明石市にある福島の行きつけのおすし屋さんでその機会はめぐってきた。母親の令子と、通訳の前田晃秀、金田由紀子と五人でテーブルを囲んだ。

――で、福島さんは、他者をどう認知するんですか。

「それは会話ですね。言葉。するどくわかるのは相手が(自分から)発言しているとき。できれば私以外の人とのやりとりもきけるといいですね。一年間に何百人もの人と出会うけれど、顔もわからないし、印象に残りにくい。語尾も指点字で正確に伝わるけれど、イントネーションや声の高低、音質などはわかりませんし。盲ろうは、限りなく情報が削りとられた状態ですから」

大修館書店の『言語』(〇六年七月号)で、福島が興味深い論文を書いている。テーマは、指点字のような「文字言語」によって、リアルな「世界」はどこまで伝わるのか。

ＮＨＫ総合テレビで放映されたニュース番組の一部(九〇秒)をビデオに保存し、さらに音声付き動画ファイルとしてパソコンに取り込んだ。それを分析した結果、デジタル情報量をバイト(八ビット)数で単純に比較すると、動画情報は文字情報の四万八〇〇〇倍であり、音声だけの情報でも文字情報の二〇〇〇倍以上になることがわかった。

これはおおざっぱなサンプルで、条件の設定のしかたで、数値も解釈も大きく変わるだろうが、福島がここで、疑似的に表現したかったのは、「「見えて、聞こえる人」(健常者)と、「見えないけれど、聞こえる人」(全盲者)と、そして、「見えなくて、聞こえない人」(盲ろう者)の間に横たわる、とてつもない認知世界の相違」だ。

そして話を単純にするために、仮に音声情報は文字情報の二〇〇〇倍、動画情報は五万倍と考えてみようと提起。想像を絶する違いだが、福島には、「体験的な実感と一致する部分もある」。

それは、「健常者の状態から全盲の状態」への落差が五万と二〇〇〇で「二五分の一」なのに対して、「全盲の状態から盲ろう者の状態」への落差は「二〇〇〇分の一」なので、この落差は、前者の八〇倍も大きいことになる。

福島は、九歳で全盲になり、一八歳で全盲ろうになった。そのときの衝撃と苦悩の違いの実感がある。

この絶望的な格差をどう補うのか。

「それは第一に言語の力。次に言葉を駆使する人間の能力、とくにコミュニケーション能力です」と福島は語る。

言葉とコミュニケーションには、「単なるバイト数には還元できない、奥深さがある」というのだ。

たとえば与謝蕪村の句「菜の花や月は東に日は西に」。かなだけの表記で一七文字、漢字を入れると一二文字、全角と考えてわずか二四バイトに壮大なパノラマと美が表現されている。

そして、この言葉の力とともに、指点字通訳で重要なのは、「直接話法で他者の言葉をリアルに伝えることで、生き生きとした対話を媒介することだ」と強調している。

さて、指点字通訳については第六章でふれるのでこれ以上踏み込まないが、このすし店でも、福島は、指点字通訳を通じて、板前さんと「きょうのおすすめは」「きょうはタコがいいですよ」「あっ、タコ、明石はタコですよね」などと話していた。

突き刺さる言葉

ビールでのどをうるおし、福島はいった。

「勝負の仕方は、将棋みたいなものですね。いま思いついたんだけれど、将棋の駒は限られているし、二人の人が指して同じものは歴史上ありえない。飛車は飛車、角は角にすぎないけれど、動き方のくみあわせの盤面の変化は、同じものは再現がほとんど不可能です。

会話も限られた言葉のやりとり、大切なのは「自発会話」です。質問への答え、とくに「はい」「いいえ」などではなく、その人が自分から何をいうか。これで、相手がコミュニケーションに求めている度合いを、無意識に計測できます。

言葉以外には、情報がないもの。

なめらかな、代替可能な発話には興味がないんです。他に代えようのない、その人の後には誰もいない、突き刺さる、ひっかかる発言にひかれます」

――これまでにもっとも突き刺さった言葉は何ですか。

それは難しい質問やなあといいつつ、「そのひとつは」といって、一四歳のとき、喫茶店で、全盲のトランペットの先生にいわれた言葉を話してくれた。

「おい福島、目が見えんって、どういうことや」

中学二年のとき、神戸の兵庫県立盲学校教師の石川満澄《ますみ》に、突然いわれた。喫茶店でいっしょにコーヒーを飲んでいた。石川は軽音楽部の顧問で、福島にトランペットやピアノを教えていた。彼も全盲だった。なぜ、全盲なのに、先生はきいたのか。

そのときから福島は、障害とは何か、考え始めた。

「先生は、目が見えない現実をどうとらえるか、それと、生きることの意味をどう考えているかと、いいたかったんだと思う」

目が見えなくなったって、がんばれば一般の人と一緒になれるという、そんな浅はかなことをいうのではなく、生きる意味は、見えないなら見えない現実を受け止めて生きることだ、という質的なことを問いかけたのだと思う。ショックをうけた。そしてこの問いは、福島が一八歳で盲ろうになったとき、深い問いとなって立ちあらわれる。

「幸福とは何か、ということは中学一年から考えていたんですね。幼いときから母の実家が神道で、オヤジの実家が天理教。小学校のときプロテスタントの教会へ。さまざまな宗教があると経験していたので、善とされるものや、その表現形態と到達点がずれているのはなぜか、と考えたりしていた……。遠藤周作がいっているように、神は存在するかどうかではなく、働きなんだよね。何をするか、ということ」

こんな話を、福島はビールを飲み、すしを食べ、「生井さん、何を飲んでおられますか？」なんて、周囲にも気をつかいながら、話してくれた。

そして、「もうひとついうと」と続けて語ったのが、盲ろうになった一八歳のときにきいた言葉だった。

八一年四月、福島は東京・目白台にある筑波大学附属盲学校高等部に復学した。戻ってしばらくしたある日、全盲の先輩、三浦佳子《けいこ》が福島たち後輩に話した。

目が見えないとは、どういうことか。

「兄が大学院生のとき焼身自殺をしました。石油を頭からかぶって火をつけて。身元確認してほしい、と警察に呼ばれ、父親が広島まで出かけた。でも、私にはそれができず、確認できないまま受けいれるしかなかった。見えないって、こういうことなんです」

当時「見えなくても訓練すれば、努力すれば、障害を克服できる、見えなくても同じ人間だ」と励ます大人が多かった。そんななかで、新鮮だった。三浦のことを薄っぺらな人ではないと思った。

人間には努力しても越えられないもの、消すことのできない制約や絶対的苦悩、喪失感がある。

「見えない」とはそのひとつ。その上で、何が自らの人生を豊かにするのか、を問う。見えるがゆえに、先輩の父親のように、見たくなくても見なければならないこともある。結局、苦悩とともに、自分をどう生きるのかということだと気づく。盲ろうになって日の浅い智には、先輩の言葉がぴたりときた。級友の指点字通訳によって胸に刻まれた。

そして、この先輩三浦は、福島にとって、重要な人になっていく。

福島には、もうひとつ忘れられない言葉がある。

「しさくは　きみの　ために　ある」

盲ろうになって失意のうちに盲学校高等部に戻った春、友人が福島の手のひらに指先で直接ひと文字ずつ書いてくれた。過酷な運命に立ち向かう福島に贈られた、静かな励ましの言葉だ。

福島は関西弁のおもしろいヤツとしてクラスでも人気があった。何に対しても積極的で大学進学をめざしていた。光と音を奪われても、福島にはなお残されたものがある。「思索は君のためにある」と。のちの福島を予見したような言葉は、一八歳の少年によって、ひらがなで手のひらに伝えられた。

福島のエッセーでこの言葉を知ったとき、私は、なんて美しい言葉だろうと胸がいっぱいになった。あれから二八年のときが流れても、あたたかい。福島の大学受験も支えたこの友人は、いまは郷里の奄美大島で暮らしている。

石川先生の問いかけは耳できいた。「焼身自殺の兄を確認できないこと」という先輩三浦の言葉は、友人の指点字通訳で指先から胸に刻んだ。同級生の「しさくは　きみのために　ある」は手のひらで。さまざまなコミュニケーション方法で、福島は心に響く言葉をうけとめてきた。

盲ろうになってからは、福島の指の上を、たくさんの人の思い、「心」も通り過ぎていった。その思いは、言葉としてだけでなく、指点字の強さや「間」の取り方、といった通訳者の手や指の、そしてその空気の動きで表現され、伝わってくる。

グサッと本音

福島は大学に入学してから、それまで「障害者」と話したことがない、という多くの友人たちと出会った。点字も指点字も知らない彼らが点字を覚え、指点字で話しかけてくれた。そしてなかには、道を歩きながら、飲み屋のカウンターで議論し、グサッと本音の議論をする仲になった人もいる。

福島は、学部時代の友人、田中竜男とのやりとりを、次のように自著で紹介している。

「確かに、障害を持つことは不便なことだ。しかし、不便なことと不幸とは、違う。障害の有無と幸、不幸とは、本来関係のないものだ」と私が言えば、

「しかし君、それじゃ聞くけど、今もし、神が君に眼や耳を授けてやろうと言ったらどうするんだね？」と田中が遠慮なく言い返す。

「僕は拒否するだろうね。それは、盲ろうとしての僕の「死」を意味するからね。それに、第一そんなことを神は言えないはずだ。なぜなら、僕を盲ろうにしたのは神なんだし、その神が盲ろうとして僕が生きることに何らかの意味を見出したのなら、それを打ち消すようなことを言うのは、神の「自己否定」につながるからね。僕は盲ろうだからとても不便だし、嫌なことも多いけど、不便なことと不幸だということは同じじゃないんだよ」と私が反論する。

「なるほど、しかし、それは結果論じゃないのか？　君は自分がいま盲ろうだから、その事実を「合理化」しているだけなのじゃないのかね？」と田中が痛いところをついてくる。

「うぅむ、ま、僕が健常者だったら、確かに何て考えているかはわからないけどね。少なくとも、今はそう思っているんだよ」と私。

ざっとこんな具合で、たとえばこのテーマは、私たちの間で、よく議論のネタになったものだ。

（『盲ろう者とノーマライゼーション』、明石書店より）

後にこの友人は、福島の盲学校時代のクラスメートの女性と結婚する。福島は「その後彼は、「障害の有無」が恋愛や結婚の幸福と無関係であることを、自ら体験することになったわけです」とうれしそうに語った。

確かに福島は、「質問されて怒ることはない。何でも聞いてください」といつも語っている。

浅野史郎慶応大学教授は、宮城県知事だった〇五年、東大先端研に福島を訪ね、こんな風に尋ねたことがある。

「言葉のもつ意味について、健常者の言語世界と、福島さんの言語世界があると、ふつうは、(障害のない)こっちがすぐれていると我々は思っているけれど、ひょっとして、福島さんの方がすぐれている、ということはありますか」

率直な問いに、福島はこたえた。

「相手の服装やステータスでなく、中身で勝負。言葉が重要です。それ(中身を重視するの)はちょっとこちらが有利かもしれません。

なぜ妻と結婚したか？　顔は見えない、声も聞こえない。格好良くいえば、性格というか内面で決めたわけですね。他にもいろいろ候補がいたわけですけれど、「中身で勝負」的なことは、好むと好まざると、ですけどね、ふふふっ」

浅野は深くうなずいた。

「すごいなあ。福島さんの、というか、「人間の可能性」みたいなものを感じますねえ」

この出会いに心動かされた浅野は、のちに霞が関で自らが主催する官僚たちの勉強会に福島を講師に招き、〇八年秋には慶応大のゼミにも迎えた。

小説のように

情報は、ただ多ければよいのではない。

たとえば、福島が委員を務める厚生労働省(以下、厚労省)の社会保障審議会障害者部会では、冒頭、厚労省の担当者が、テーマについて膨大な資料をかなりのスピードで読み上げる。これを指先で聴きつづけるのはかなりの苦痛だ。福島は「人間を数や点として表現するような文章を長く「指で聴く」のは、苦しいですね。つまり深くは残らない」。

福島は日々、たくさんの人と出会うので、言葉で印象に残らない人はよほどでないと記憶から消えていく。その人の地位や経歴には関係ない。

言葉以外にも、握手したときの手の厚みや強さ(どんなに情熱的なことをいっていても、握った手に力がないと興ざめするそうだ)や香水で想像することはある。男性だと、いつものユーモアでときに相手のおなかを触って、「うーむ。(体重は)三けたですね」などと体形を話題にあいさつすることもある。だが、認識の核は、言葉によるコミュニケーションで形づくられる。会合があっても、たとえば一人ずつに体積をイメージしたりすることはない。「そこにエネルギーは使えない」。だから、初対面の人に「私はどんな印象ですか」と聞かれても困る。

そんなとき福島はこう答える。

「まだわからないんです。私は言葉によって相手のイメージをつくっていきます。ちょうど、小説を読みながら、主人公のイメージをつくるような感じですね。まだ、あなたが登場する小説の一ページ目を読んだばかりです。これから、言葉を交わしたり、あなたが誰かと話すのを通訳してもらったりするなかで、だんだんイメージができてくると思います」

さて、まだまだふしぎな福島だが、彼がどんな風に生まれ、育ったのか。その誕生の物語を始めよう。

2 誕生と喪失――三歳で右失明、九歳で左も

福島智はどのように生まれ、育ったのか。

母親の令子を神戸に訪ねた。資料をどっさりかかえて、待ち合わせのホテルに来てくださった。

「サザエさんなのよ」と自らをいわれるように、よく通る声ではつらつと話される。昭和八年酉年生まれ。あの戦中戦後を生き抜いてきた、昭和ひと桁生まれの肝っ玉を感じる。関西弁にこちらの緊張もほどけて、すっかり話に聴き入った。

福島智は一九六二(昭和三七)年一二月二五日、神戸市の産院で生まれた。

父正美は中学校の社会科の教師で、昭和七年六月二七日生まれの三〇歳。母令子は専業主婦で、昭和八年七月七日生まれの二九歳。もうすぐ七歳になる長男、五歳の次男につづく三男だった。

産声を上げたのは、父親が長男と次男を京都府福知山市の祖父母にあずけるために出

かけたあとで、午後一〇時近かったのを令子はよく覚えている。三人とも、夫が帰ってからひとりで産むめぐりあわせだった。

クリスマスの夜、産院にツリーの飾りつけはなかった。

令子は前日、息子たちのために小さなツリーをつくってきた。自宅は、神戸市垂水区の坂の上の市営住宅。目の前に瀬戸内海が広がり淡路島が見えた。晴れた日には、海がキラキラと輝く見晴らしのよい住宅街だが、ツリーを買いに出ようにもバスの便が悪く、当時あたりを「陸の孤島」だと思ったという。

外出をあきらめた令子は、大きなおなかをかかえて自宅の裏山へ向かった。松の木のみどりの小枝を何本か切って戻り、雪にみたてた綿をあしらって、ささやかなツリーの飾りつけをした。令子はつましい家計から工夫をして、子どもたちを楽しませる母親だった。

ふしぎな赤ちゃん、ハートのしるし

智はよく太って、四キロ近くあった。少し顔の黄色みが強いかなと思ったが母乳もよく飲んだ。

「どこか、ふしぎな子のように思ったんよね」

令子が語る。

左の二の腕に小さなハート形のあざがあった。ひと月ほどして、おふろに入れたとき、お兄ちゃんたちが「ふしぎやなあ。何やろこれ？」といった。

すやすやとよく眠る子だった。やなぎ行李にシーツをしいて縁にフリルをつくり、そのなかに小さな智を寝かせ、いつもミシンの上にそっと置いていた。お兄ちゃんたちが騒いでも泣いたりせず、平気で眠りつづける赤ん坊だった。

父親似のぱっちりとした目に、長いまつげが愛らしく、バスや電車に乗ると、あらかわいい、と人々がよってきた。

令子に相談もせず、夫は区役所に名前を届けた。「怜」と書いて「さとし」と読ませたかったが、当時はこの文字が認められず、「智」になった。

夫の誕生日六月二七日は、ヘレン・ケラーの誕生日。智が生まれたころ、父方の祖母は喉頭《こうとう》がんでものがいえず、祖父は耳が不自由だった。祖母の命日六月一日は、ヘレン・ケラーの亡くなった日と同じだった。

「考えてみたら、もともとヘレン・ケラーになる運命やったかもしれんなぁ」

のちに一八歳で盲ろうになった智が、令子にいったことがある。

全盲の上、右耳の聴力を失い、残る左の聴力も落ち始めた一九八〇年は、ヘレン・ケラーが生まれてちょうど百年目だった。そして盲ろうの身になった翌八一年は、国連が決めた「国際障害者年」。

令子は智のことを思うと、いまもいろんなふしぎを感じる。

こまめにメモを

智は生後まもなくから病気がちで、通院が始まる。令子は、智の病気については、こまめにメモをとらなくてはならないようなふしぎな義務感にかられて、以後膨大な記録を残している。それがのちに福島の博士論文「福島智における視覚・聴覚の喪失と「指点字」を用いたコミュニケーション再構築の課程に関する研究」に生かされた。

メモには「生後一〇カ月、六三年一〇月ごろ、白い下痢が続き、四〇日間通院、俗に小児コレラとかいう消化不良のようなものらしい、離乳食とのかかわりも大きいと思う」「翌一一月には、右耳の入り口近くにおできができ、小手術をうける。一二月には両眼が真っ赤になり、結膜炎といわれる」などとある。医師とのやりとりもつづっている。

目の異常が見つかったのは一歳のころ。両方の黒眼が濁ってきて眼科へ行った。

「真っ黒な眼が鳶色になりましたっ」

必死に訴えても、医師はとりあわずにいった。

「お母さんの思い違いじゃないですか」

母親は毎日見ているので、そんなことは絶対ない。

「黒豆を炊いたときみたいにツヤツヤした、本当にきれいな眼の子やったのに、黒豆が生の粉を吹いているように曇っているって。その違いを先生は信じてくれなくて二〇日間問答しました」

ある日医師も異変に気づいて、「えらいこっちゃ」と医大を紹介してもらっていくと、「表層角膜炎だから大丈夫」といわれた。医大から紹介されて、自宅近くの市民病院へ一年間、令子は毎日、智をおんぶして通院する。

三歳で右目の光を失う

なのに、満二歳になった冬から春にかけて、また白く濁った。前の夏きれいになって、春、また曇ってきた。「これは変や」といつもの病院を飛び越えて医大に飛んでいったら、一年前とは違う医師が診て「ギュウガンの疑い」があり、即入院して検査といわれる。

ギュウガン？

「この子、ガンなんですか」ときくと、「牛の眼と書く、子どもの緑内障だ」と教えられた。

検査も、二歳なので全身麻酔だった。前夜から絶食で、むずかる智をおんぶして、夜じゅう子守歌を歌いながら院内を歩いた。「ねんねんころーりよ、からシューベルトまで何でも、智の好きなメロディーを歌ってね。とにかく何とか寝させたくてね」

背中に智のぬくもりの記憶がある。白濁の原因ははっきりわからず、「逆《さか》まつげ」の手術もうける。まつげが角膜を傷つけることがあるといわれたからだ。三〇日間入院して、結局濁りはとれなかった。

退院した二週間後、別の医師から「虹彩炎《こうさい》」といわれてふたたび医大に入院する。三カ月におよび、手術もうけた。

だが、三歳で右目を失明する。「眼球ろう」といわれ、眼が疲れ果てた状態だと説明された。

医師に「もう見えないと思う」といわれて、信じられなかった。これだけまじめに通って、医師にいわれるようにして、高価な薬も飲んでるのに、なんで。

「お母さん、高い薬、使ってもだめですよ。枯れ木に、いくら水をやっても花は咲きません」

若い医師の冷たい言葉を覚えている。

いちごのテスト

納得できない令子は、家に帰って自分で試してみた。

智は、いちごが大好きだ。冷蔵庫の上の棚に、お皿にいれたいちごを置いた。最初は、両方の目で見せて、次は見える方の左目に眼帯をして悪い方の右目で見せようと、いちごを下の棚に移した。

「いちご、どこにあるかな?」

智にきくと、「同じところにあるよ」と答えた。

ということは見えていないということだ。なのに、見えるふりをしている。

「智は「何も見えないよ」といったら、お母ちゃんが悲しむからと思ったんかなと思って。三歳の子が母親を思いやったと思ったら、私、泣けましたわ。ほんとに見えなくなったんだという気持ちと、健気さにね。だいたい、あの子はお母ちゃんが悲しむことはいわんかったね。我慢してんのよ」

令子は幼い智を思い浮かべて、声をつまらせた。

のちに、令子は「そのときの悲しみの音は耳にきこえるほどドキリッとした」とつづっている。

福島は、「いちごのテスト」を、もっとも幼いころの記憶として鮮明に覚えている。

「赤。いちごの赤い色、母親の困惑したような顔、うわずった声……。何をいっているのか言葉はわからないですけど。なぜ記憶に残ったのか?　子ども心に、母がショックを受けているのがわかったんだと思います。いちごは五〜一〇個ぐらいあったかなあ」

幼な心に「死」を実感

六七年一〇月二六日、四歳の智は右眼の摘出手術をうける。炎症がうつらないように、よい左眼を守るためにとすすめられた。

令子の日記に、智の言葉が刻まれている。

「お母ちゃん、心臓はなんでドキドキしとるんやろ。心臓がとまったらもうぜったい生きかえれへんのか。心臓がとまったら死んでしまうんか。お母ちゃん、ぼくマスイのにおいきらいや。何で僕だけ痛いめするんや……。手術はきらいや。レモンのにおいのマスイでも、ぼくいやや。おしりの注射三本もせんならん」

福島は、いまも手術室の無影灯の不気味な光を思い出す。あの注射の感触や、首をねじまげて見た自分の蒙古斑の青さ、全身麻酔のにおいをかぐ不快感とともに。幼いころから、痛く、つらい思いを何度も身に刻みながら智は育ってゆく。

五歳前に、なぜ、心臓の鼓動と死を意識するような発言をしているのか。福島にもよくわからない。

だが、この年の五月、近所の同い年の男の子が踏切で列車にはねられて亡くなる事件があった。智はすぐ現場に走った。踏切に続く坂道にさしかかったところで、担架に乗せられ、白いビニールのカバーをかけられた友だちの姿を見る。もう彼とは二度と遊べないという悲しみがこみあげたのを覚えている。

「シンちゃんっていうんです。数日前までいっしょに遊んでいたので、ショックでした。雑草をとってきて料理して、なんか、よくままごとをしてましたねぇ」

また、時期ははっきりしないが、このころの入院時に、「お兄ちゃん」と呼んで、親しくなった少年がいた。同じ眼科に入院していた、小学校四年生ぐらいだった。

忘れられない風景がある。

窓辺に立って、庭を見下ろすとお兄ちゃんが庭から小さなゴムのボールを投げてくれる。だが何度やっても届かない。

その後、彼の姿が見えなくなった。やがて亡くなったと知る。眼の病気は小児ガンが原因だときいた。ばくぜんと「死」の観念をもったのはその時が初めてだっただろう、と福島は後にエッセーにつづっている。

福島は、四歳で右眼を摘出するまで、大学病院へ五回入院している。数週間から数カ月と期間の幅はあったが、多くの患者たちと出会い、なかには亡くなる人もいた。シンちゃんの列車事故や「お兄ちゃん」との突然の別れなど、「死」を幼心に実感した鮮烈な記憶が残る。

おしゃべり、ときに気弱

「片眼になってもわんぱくで、元気だった」と令子はいう。

夫は迷惑をかけてはいけないから、と幼稚園へ行かせるのをためらったが、幼稚園の園長に「きっと智君の、生涯の楽しい思い出になるでしょうから遠慮せずにいらしてください」といわれ、ありがたく申し込んだ。

「初恋もして、よく遊んで、オルガンも習って幸せだったと思う」と令子。

「ぼく、好きな子おるんやぁ」。息子の言葉に「どんな子?」ときくと「こんな子や」。手をひかれて幼稚園の垣根からその子をみつめた。

令子が思い出したように笑った。

「かわいいやろ?、というからかわいいね、というたけど、ほんとはあんまりかわいくないの。そんなこといわれへんけどね。性格がよかったんやろね、親切やったのかもしれない。将来のお嫁さんになるのかな、なんて思ってみてました。いまどうしてるのかな、その子、ミッチャンっていう子やった」

智はおしゃべりだった。幼稚園のとき、令子と通っていたオルガン教室の先生に「口にチャックをしなさい」といわれたことを、福島も覚えている。

「先生に「そんなにしゃべるんだったら、横の田んぼに立ってなさい」とかいわれて、それで「そんなことしていいんでしょうか、そうしたらお百姓さんが困ると思います」

みたいなことをいって。先生は反論不能に陥った……」

懐かしい思い出だ。

一方、気弱なところもあった。

黄色のレインコートを着て幼稚園へ行ったある日のこと、いつもの登園時刻よりちょっと遅れると、教室に入るのに足がすくんだ。令子が「大丈夫？」ときくと、うん、とうなずいたので、母は帰宅。すると、しばらくして智が、帰ってきた。

「部屋に、入れへんかってん」

照れくさそうな顔が、令子にはいまもいとしい。

義眼を出してみせろ

一九六九年、智は神戸市立舞子小学校に入学する。ひと月は元気に通ったが、五月から、両親が心配していた左眼に炎症が出はじめて、休みがちになった。

一年生のとき、いじめにあう。

近所の子に自転車に乗りたいというと、年上のわんぱく小僧にこういわれた。

「乗せてやるから、眼を取ってみせろ」

いわれるままに、右の義眼を取って見せると、

「地面に置け」

1968年ごろ，智が撮った父正美と母令子．父のサングラスは，目のためにサングラスをかける智に「お父ちゃんも同じ」と励ますためだった．

智は、舗装されていない土の道にそっと置いた。すると
「目にはめろ」

ほこりを一応はらって、元に戻し、自転車を貸してもらって乗って遊んだ。

近所でうわさになった。いじめた子にとってもその光景は衝撃だったのだろう。

令子が事件を知って、智を問いつめた。事実を知ると、母は父に相手の子どもの親に何かいうようにと迫ったが、父親は「これからもっといやなことがあるだろうから、こんなことぐらいで親が出ていったら智のためにならない」と動かなかった。

智は、何とか自転車に乗りたい一心だったが、あの異様な気配、悪意にみちた視線に囲まれたことが脳裏に刻まれてい

1969年6月2日の絵日記．「がんちゅ(眼球に直接する「眼球注射」のこと)がなれてきました．だからなんぼしたかっていたくない．でもするまえどきんとします．でもおとうちゃんはがんちゅがいたくていたくてかわいそうやと……」とつづられている．

る。

「だれか鼻が詰まっていたのか口で呼吸する音、土のにおい、汗くさい子どものにおい……。人間は残酷ですよ、子どもも残酷。相手を心理的に痛めつけて快感をもつ欲望をもっている」

めがねをかけるので「めがねざる」といわれたこともある。健康な子どもたちと遊び、自分が人と違うことを思い知らされることもあった。

二年生は欠席のほうが多く、三年生の出席はわずか五二日だった。少しでも炎症がおきると左眼を守るため、安静にするようにいわれ休学した。両親は、通院の合間をぬって、動物園、湖や海、山に、兄たちとともにつれていった。できるだけ楽しい語らいをし、おいしい物を食べさせたいと思った。

ゾッとして『ヘレン・ケラー』を買う

智は八歳の夏、「ヘレン・ケラーの世界ってどんなんやろ」と近くの裏山で目を閉じた。一歩踏み出そうとすると、足下が崩れて奈落の底に落ちそうで怖くて目を開けた、という鮮烈な記憶がある。なぜそんなことをしたのか。ちょうどその前、ヘレン・ケラーの本を読んだからだと福島はいう。

その本は、令子が買って渡したもの。いきさつを令子が教えてくれた。

「あの本を買ったのはたしか、小学校の一、二年のころ、ちょうど、智の耳が悪くなって……」

最初に夫がその変化に気づいた。

「ちょっと、智、おかしいぞ。テレビの音を大きくするし、オルガンも大きいぞ」

耳鼻科に飛んでいくと「鼓膜もきれいやし、大丈夫」だといわれた。

だが「どうもおかしいから検査を」、と昼過ぎまで粘って、ようやく検査してもらうと聴力が三〇デシベルほどだった。デシベルは音圧の単位で、数字が小さいほど小さな音でも聞き取れることを表す。三〇デシベルはすでに軽度難聴の数字で、医師は驚いて医大を紹介してくれた。

医師に、学校の担任から「福島君はいつもキョロキョロして落ち着きがない。私のいうことを何度も、何度も聞くんですよ」といわれたと伝えると、「これだけ聴力が落ちていたら、何度も聞いて当たり前です」といわれた。

令子は、ゾッとした。

目が悪いのに、耳まで悪くなったらヘレン・ケラーとちがうか……。

「で、帰りがけの本屋で『ヘレン・ケラー』の絵本を買うてやったの。何でか知らん、思わずね」

そのうち眼科の薬(ホルモン薬)の影響か、聴力がよくなった、という。令子にはふしぎだった。

だが、一〇年後、令子の恐れたように智はヘレン・ケラーと同じような障害をもつ身になる。

九歳で左目も失明

一九七一年一二月、小学三年生の智は、急に残された左目も悪くなって入院する。

1972年5月，病院の屋上にて．

「我慢しとったみたいでね。学校でいじわるされとったみたいで。「お母ちゃんが悲しむと思って僕、我慢しとったけれども、学校へ行くと一時間ほど胸がキューッとなっとったんだ」というの。ずーっと学校休んで、たまに行っても、何でも一生懸命するから、笛もうまく吹けたりして、先生がほめるでしょう？ そうすると、いつもしかられてる子がねたむのよ。それでいじわるしたみたい」と令子は思い出す。

医師は「ストレスはとてもいけない」といった。

正月も入院したままだった。毎日点滴や、眼球に直接する眼球注射をうけ、小手術がくり返された。退院して、ふたたび二月に入院。眼圧が高く、いくつかの手術をしたが結果は思わしくなかった。

三月の令子の日記には、手術の当日、眼のひどい痛みから泣き叫ぶ智のようすとともに、幼いころからの主治医がささいなことから腹をたて態度が変わったことへの不安などがつづられている。医師同士の対立の間で患者が苦しむことになった、と振り返る。

智には、何がおきたかよくわからないが、大切なときに、信頼してきた医師に「裏切られた」という思いが残った。

一九七二年五月、病院の屋上で撮ったパジャマ姿の智の写真がある。

サングラスをかけ、口をしっかり結んで、まっすぐこちらを向いてたたずんでいる。

パジャマのすそからのぞく足首は細く、どこか儚《はかな》げで、表情は切なさにみちている。

言いたいことはいっぱいあるけれどしっかりと唇をかみ、泣き出しそうなのを我慢し、何かに全身でたえながら立ち向かっているように私は感じ、目を離せなくなった。

あの冷蔵庫の「いちごのテスト」からちょうど六年がすぎようとしていた。

九歳の日、病棟の洗面所の鏡に映った顔が、人生で見た最後の自分になる。

六月に退院し、秋にはほぼ全盲状態になる。街路樹のいちょうの実が色づき始めていた。

おじいちゃんの嘆き

令子がインタビューに応じてくれたなかで忘れられない智の言葉がある。

九歳で失明したとき、教会の役員をしている祖父が「神も仏もないのか！」といって嘆き、「やぶ医者めがっ」と怒り悲しんだ。

「そうしたら智が電話でおじいちゃんに、「おじいちゃん、もうやれるだけやってこうなったんだから仕方ないんだよ。世界でいちばん偉い先生がみても、悪くなるときは悪くなるんだよ。もうすんだことをいうよりも、これから先のことを考える方が、大事やと思うんや」というたの。おじいちゃんは「九歳の子が、そんなこと言えるんか、それは親が教えたんか」というて、また泣いてね」

ほんまに九歳の子やのにね、と思わず私も問い返した。

「周りがみんなオタオタしとるのに、智が周りの大人をいさめた。だから、よほどいろいろ考えたんやろね、小さな頭で。私も初めてきいたせりふで。よっぽどしっかりしとったんやろね、私らよりも」

たしかに智は、どこか大人びていた。

「親戚のおばさんがこんなことをいってると、私が悩んで話すと、智が「お母ちゃん、それはね、お母ちゃんの考えがおかしいかもしれないよ。色紙でも表と裏があるやろう。その裏側も考えないとあかん」と。そんな、裁判官みたいな、哲学者みたいなことをいうたのよ」

周りの大人を励まし、深く考え察する聡明さとともに、ぬいぐるみ遊びをする幼さが共存していた。そして痛みや失意を乗り越えようとするけなげさがあった。

令子によると、「智は失明したからといってくよくよしてなかったんです。ただ、すごく読書が好きで「ああ、僕はもう本が読めない」って悲しんだ」。

そんなとき、ちょうど同じ病院に入院中の青年が点字を教えてくれ、この世に「点字」があることを知る。

点字は落語風に

点字は、わずか六つの点の組み合わせで五〇音などすべてを表す。フランスの軍の暗号をもとに、一八二四年、一五歳の盲目の少年、ルイ・ブライユが考え出し、各国に広がる。点字はのちに指点字として福島の命綱となる。福島は、人の命を奪う戦争に連動する「夜の文字」を、人々に心の豊かさを提供する「命の言葉」に反転させた、とのちのエッセーに書いている。その点字との出会いである。

六つの点を指先、指のはらで読み取るのはたいへんだ。

令子が「いくら勉強がしたくても、点字が読めなかったら一年生やな」というと、「こんな小さなつぶつぶが読めるわけないやろ、一字読めたら一〇円くれるんか！」などといい返した。

だが、小学生の『点字の国語の本』を借りて読むうちに、話の内容にひかれて、一字一字読めるようになった。

どうぞ何とか読めますように、と祈るような気持ちだった令子は、その成長ぶりをよく覚えている。令子が講演会で話した記録は、何度読んでも楽しい。

「落語が好きな子でね。

あるとき、「おいおい隣の八つぁんや」といっている。落語でもしてるのかなと思ったら「この字はなんと読めるかな」といぅてる。

「大家さん、ちょっとわてには難しいですな。これ〝そ〟とちゃいまっか」

「ああ、八つぁん。おまはんもそう思うか。やっぱり〝そ〟という字やな。ところで、次はどういうふうに読める」

「んーわしは〝ろ〟と思うんやが、あんさんはどう思う」

「そう言われてみたら〝ろ〟でんな」

「次は……」

落語しとるのかと思うたら点字を、こんな風にして、嫌なことも自分をちゃかして楽しんでする術を知ってるんですよね、一人遊びとかそんなことばっかりしてましたから。

〝そ〟〝ろ〟〝り〟と出た。次は〝し〟かなと思って私は台所から「智ぃー、次は〝し〟という字ちゃうか」というたら、「お母ちゃん何でそんな遠いところにおって、わかるんや。あ、ほんまに〝し〟やったわ」って。

『曽《そ》呂《ろ》利《り》新左衛門《しんざえもん》』の話を読んでたんですね。そういう風に、ちょっとだけ手助けするとだんだん早く読めるようになってきました。「おもしろいね、次どうなるんやろ」と私もいうものですから、台所でも洗濯していてもどこまでもついて歩いて、次々と読んでくれたんですね。」

（「試練の中の大きなご守護――盲ろうの子とともに歩む道」天理教機関誌収録より）

母を追いかける小さな足音と、二人の笑い声が聞こえてきそうだ。

智は暗号も考えついて母を驚かせた。点字の六つの点には、1〜6の番号がついているる(巻末「指点字一覧表」参照)。それを分解して指の番号で暗号をつくり、父や兄にはないしょの話を語りかけた。たとえば「赤」なら、「あ」は1点、「か」は1点＋6点、で「赤」は「1点＋1点6点」というふうに。ささやかなふたりの秘密が楽しかった。

その後も、入院中に知り合った青年にローマ字や楽譜の打ち方を電話で教わり、どんどん覚えていった。九月に失明して、翌年の四月に盲学校に編入するときには、何億何千という数字も書いて読め、点字では何の不自由もなくなった。

やんちゃ、一人遊びも

周囲のとまどいを超えて、智は自分の世界を切りひらいていった。

棒を握りしめ、家の前の溝をたたきながら一人歩きをした。五〇メートルほど先に児童公園があるが、そこに通じる土手やフェンスをはい登り、乗り越えて公園に入り、悠然とブランコや滑り台を楽しんだ。

庭に池をつくるんだと、近所の子と大きなスコップでひと坪ほどの深い穴を掘った。

「もう少しでアメリカに届くんやがなぁ」

物干し竿を使って、その池の向こう岸までターザン飛びをして騒いだり、屋根にバットで打ち上げた紙箱を取りに登ったりした。こんなやんちゃな姿は、誰の目にも失明したとは思えず、令子は、隣の奥さんに「よかったねえ智君。目がよく見えるようになられたんでしょう」といわれた。

自宅で一年間療養して、思わぬ仲間になったのが、入院のときにもらったぬいぐるみや人形だった。

ぬいぐるみの犬のポコペンやおもちゃを使って物語をつくり、一人何役もこなしながら自作自演で遊んだ。

ラジオをよく聞き、落語が好きになった。

くるわ話はわからなくても、『寿限無』などは何度もきき、演じられるようにもなった。ＳＦに興味を持ち始めたのもこのころ。中学生で夢中になったのは、『スタートレック（宇宙大作戦）』。このテレビドラマは何回も聞いてほとんどせりふを覚えてしまうほどだった。

何かの問題をときながら、

「ミスター・スポック、この解答についての意見は」

「船長、きわめて非論理的ですね」

などと独り言をいったりした。

福島は後に、この落語とＳＦに出会ったことが人生を支えたと語っている。落語のユーモアと、ＳＦの教えてくれた可能性の追求や挑戦の大切さが、強い味方になってくれた。

創作したのは最初は童話のようなものだったが、やがて動物たちは擬人化され、ＳＦアニメ風になり、架空のプロ野球チームを結成したりした。

盲学校の小学部四年で、初めて点字で読んだ長い物語『ロビンフッドの冒険』に影響され、登場人物たちが森で生活し、棒術を競い合うという「空想遊び」も加わった。

背景には、入院すると父母にたくさんの本を読んでもらったことがある。『クマのプーさん』『宇治拾遺物語』『イワンのばか』……、さまざまな物語と空想の世界が智の中に豊かに広がっていた。

3　わんぱくと音楽——盲学校・一四歳で片耳に不安

盲学校入学式

一九七三年四月、智は兵庫県立盲学校小学部の四年生に転入する。一年休んで待ちに待った入学式。わくわくして、通うのが楽しくてたまらない。そんな智のようすを令子は「水に放たれた魚のよう。本来の自分を取りもどしたようなはしゃぎぶりです」とつづっている。母はその校歌に感激した。

♪月さえ日さえ照らさねど
　さやかに照らす六つの星……♪

通学には令子が付き添った。八時には智に手を引っぱられるようにして家を出た。電車と徒歩で四〇分ほど。車内で座るときは、迷惑を考えて荷物を自分のひざの上に置くように教えた。智は当時から右耳が聞こえにくかったので、令子はいつも息子の左側にいた。

「滝の茶屋」駅でおりると、まだ整っていない点字ブロックの波打つ道を、智は「いくつ目の山を越えたら右に曲がる」と、ブロックのでこぼこを杖で数えて歩いた。

令子はこのころよく肩がこった。「まだ白い杖に慣れていない智が、私の腕にぶらさがるようにしてたんですね。智の下校時まで、学校であんまやハリの治療をうけたこともありました」。令子が疲れて通えないときは、父や兄たちが代わって智に付き添った。

智は自宅療養のときから、棒きれを杖の代わりに使って動き回っていたが、盲学校の四、五年生の授業で、正式な杖の使い方を勉強した。

智の身になって考えたい、と令子は疑似体験を思いつく。通学路でお風呂で、目を閉じてみた。五歩歩いただけで怖くて思わず目をあけた。一瞬で目の前が開け、心まで広がった気がした。

「智はもう、生涯、この広がりと喜びを味わえないんやと気づいて……」

母の務めは、智の心までが倒れないように支えていくことだと決心した。

学校に送った帰り道、令子は高台にある自宅に戻るのに坂道ではなく、あえて一六〇段の石段をのぼった。「わざわざ急な道を選んでね」

頂上を見上げると嫌になる。目の前の五、六段を目標にして黙々とのぼれば知らぬ間に頂上につく。失明した我が子の未来を思い悩むよりも、毎日を楽しく、大切に生きていこうと誓い、自分に何度もそう言いきかせた。

本人がやってみたいということは何でも協力した。時には夫に隠れてステレオセットのローンを組み、好きになった落語の米朝の高価なレコードも買い与えた。


智にとっては、それまでにない「ハッピーな日々」の始まりだった。

何より毎日学校に行ける！　盲学校は一学年七、八人で、弱視の子どもたちもいた。智は全盲の男子二人のクラスに加わった。「三人？　小さなグループやなあ」と感じたが、友だちができてうれしかった。初日、先生に何でもいいから点字を打ってごらん、といわれて、ふざけて「ブタ肉」と打った。クラスに太った子がいて「わざとやろ」と怒ったが、すぐ仲良しになった。智はそんな子だった。先生がたくさんいるので、何でも質問できるのもよかった。上級生たちともいっしょに遊んだ。

普通学級に通う発想は当時、母子にはなかったという。もともと学校を休みがちで近所の子ともそう親しくなかったので、寂しさもあまり感じなかった。「それよりも毎日通える楽しさ。選択の余地もなかったし、当時全盲で普通学校へ通っていた人はほとんどいなかったはずです」

ただあのころ、元の普通学校に行って、教科書を指でさわっても(読めなくて)わからない、という夢を見たのを智は覚えている。

1976年ごろ，音楽室にて．

音の世界

見えなくなったのは「まあしゃあないなあ、とどこかで思っていた」と福島は振り返る。

光を失ってもドン底に落ちなかったのは、「聞こえる世界」が残っていたから。その「音」の世界に智は順応していった。

テレビも見えない分、耳をすませて音に集中し、想像をふくらませて楽しんだ。『巨人の星』『宇宙大作戦』も。

勉強も読書もスポーツも音楽も、一気にのめりこんだ。

夏休みにはツルゲーネフやトルストイなどのロシア小説を点字図書館で借りて読み、買ってもらった『アンネの日記』は母に朗読してもらった。ラジオで落語をきいて笑い転げ、ＳＦで世界が広がった。

スポーツも、盲人用にルールが工夫されているので、果敢に挑戦した。バレーボールやバスケットボール、卓球に野球。ボールのなかに入れてある鈴の音や、ボールと床・地面が摩擦する音でボールの方向を察知して、走り、追った。

そして五年生の秋、音楽と出会う。

軽音楽クラブ顧問で全盲の教師、石川満澄にトランペットを教わり始め、熱中する。音楽室で楽器をいじっていて「ちゃんとやってみるか」と声をかけられたのがきっかけだった。

「一日練習しないと三日(分は実力が)後退するぞ」

毎日吹き、できない日はマウスピースを持ち歩いて口にあてた。唇を緊張させてその振動を増幅させて吹く。本物の音が出るには一〇年かかるときいた。一〇年後には石川のようないい音が出せるとあこがれた。「ボール遊びもしたいし、ラッパの練習もせなあかんし」忙しかった。半年たってようやく音らしい音がでた。いい音が出ると、気持ちがすーっとした。

自宅近くの広々とした野原から海に向かって吹くのが好きだった。高台から二〇〇メートルも行けば瀬戸内海の波打ち際だ。明石海峡の向こうに淡路島をのぞみ、さえぎるものがない。ラッパがよく響いた。風が吹き、草が揺れる。風がなり、全身を吹き抜けるような日もあった。

友だちとトランペット、エレキギター、ドラムでバンドを組んだ。何といってもトランペットが「ボーカル」で目立つ。ジャズやポップス、『スターダスト』もよく吹いた。黒人のワークソングは「疲れたように吹け」と石川に教えられた。ギターとピアノも始めた。

ごそごそ触察探検隊

わんぱくだった。

全盲の親友はバンドでドラム担当。彼と放課後「触察探検」と称して、学校のすみずみまで分け入った。「校内では杖をもたないのが盲学校の文化」。声や足音、空気の流れで状況を感知して、どんどん進んだ。

新築の体育館にある卓球室で偶然はしごをみつけてのぼると、天井裏に出た。匍匐《ほふく》前進……。体育館の天井をズボッと踏み抜いたり、ボールを探すのにプールとの境の金網によじ登ろうとして見つかったり。よく教頭先生に怒鳴られた。

「階段跳び」は、あの落下と着地のスリルがたまらなかった。六年生の文化祭で初めてバンド演奏をする直前、メンバーでやることになった。高校生がひるんだ一〇段上から、「やったろ」と飛んで成功したときの快感！　そしてぶつけた右のかかとの痛み。文化祭での初のファンファーレは「俺は、なんでこんなにアホなんやろ」と激痛をこらえながら吹いた。どれも懐かしい。小学三年まで半分も通学できなかった智にとって、鬱屈していたエネルギーが噴き出した少年の日々だった。

だがこのころ、近所の高校の文化祭に出かけたとき、占いの部屋でみてもらうと、智はだれが占っても「短命」と出た。元気な智が、「僕、本当に早死に……」としょんぼりしている。令子はとっさにこたえた。

「智君は、毎日毎日一生懸命に生きて充実してるんやから、いつ死んでも思い残すことはないやろ」

幼い息子に「人のために役立つ人になれば八〇歳はかるく生きられると占いの人もいってたでしょう?」と力づけたのを令子は覚えている。

音楽に色彩をみる

右耳がしだいに悪くなり、小学六年の六月、医師にトランペットをできれば控えるようにいわれる。

〈ラッパやめーと(医者が)言った。もういやや〉(七五年六月一〇日の智の日記)

悪くなった原因はわからず、トランペットもすぐにはやめたくなかった。ラッパが好きだった。

翌七六年、兵庫県立盲学校中学部一年からピアノを習い始めた。念願のピアノを買ってもらい、毎日弾いた。七七年の発表会では『エリーゼのために』を演奏する。中学生になって、初めてステレオでサイモンとガーファンクルの『スカボロー・フェア』を聴いた感激。その哀しい旋律と切ない歌声に、ぞくっとした。音には色彩があり光があると知る。智は音楽に希望をもった。

勉強しないことはあっても、ピアノに触れない日はなかった。点字の楽譜はめんどうなので、ラジオから音を聞き取って自己流で弾いた。当時、はやっていたのはハイ・ファイ・セットの『フィーリング』。『枯葉』をジャズのアドリブで楽しみ、ビートルズの『イエスタデイ』やカーペンターズの『イエスタデイ・ワンス・モア』もよく弾いた。

1977 年，ピアノの発表会で『エリーゼのために』を演奏．

軽音楽部顧問の石川が「色が違うやろ～」と練習中にいったことがある。他のメンバーにはわからなかったが、智は「メジャーからマイナーへコードが変わったときに、色合い、色彩が違う、といっているのだ、とわかった」

右耳に異変

そんな多感な一四歳で、右耳がどんど

んおかしくなる。

七六年末には、めまいの影響で学校の廊下を歩いていても左右どちらかに曲がるようになり、大学病院の耳鼻科を訪ねると、右耳は五〇～六五デシベルに聴力が落ちていた。補聴器をつけなくては音声の聞き取りが難しいレベルだ。めまいの原因も調べたが、わからなかった。

デシベルは、音圧の単位で健康な場合と比べてどれだけ聞こえにくくなったかを示す。聴覚障害は医学的にはデシベルで区分し、数字が小さいほど小さな音でも聞き取れるということ。翌七七年、中学二年の六月には、急に立つと転びそうになった。右耳は七五～八〇デシベル。そして、九月にはさらに悪化して、右耳はほぼ全ろう状態になった。

福島は当時について、論文のなかでこう書いている。

〈左耳は聞こえているので、会話などにはさほど大きな影響はないものの、目の見えない智が「片耳」になることは、生活上、決定的な影響を及ぼした〉

「音源」の方向がわからなくなった。

「誰かが手をたたいて呼んでも、方向をつかめない。まるで、方位磁石が狂った状態で、オリエンテーリングゲームをするようなものです」

車が近づいても左右どちらからかわからず、全盲者の単独歩行には致命的だ。小学校六年生から中学二年まで一人で通学していたが、それもできなくなった。好きだったスポーツも耳を頼りにボールを追うので、もうできない。片耳になっていちばんの衝撃は、得意だった球技ができないことだった。

バスケットボールは、コートの両側のかごに音源があり、シュートするとわかる。

「右耳が聞こえなくなると、ボールがどこでバウンドしているかわからないので、体育の教師が私の後ろについて、肩をついて指示してくれたんです。事情がわからない生徒が「何で福島だけリードするのか」といったのがつらかったですね。全盲のなかでだれよりもうまかったのに、だれよりも下手になった。全盲の状態で片方の耳が聞こえなくなるしんどさは、そうとうなものです」

心にも、深く重い衝撃をうけた。

テレビやラジオの番組を録音したあとに、心境を語ったテープが残っている。

七七年一〇月九日の声。

「くそ、聞こえません。耳が聞こえないんです。耳がもう、どうなるんでしょうねー。もう、くそ。もしこのまま聞こえなければ僕の人生はいったいどうなるんだ。ものすごい障害をうけるでしょうね……」

龍之介の夢

ちょうどそのころ、智は『龍之介の夢』という物語を書いている。

《暗闇の沼のなかでもがく龍之介の前に、老人があらわれる。

「(略)おまえはいつも心から皆にとけ込むことはなく、何かいつもひけめを感じている。それはなぜだ」

「それは僕の障害のせいです」

「おまえは目が見えなくなり、耳が聞こえにくくなった。しかし、いちばんおまえに見えていないもの、聞こえていないものは、おまえの真の心なのだ。それがいちばん苦しいのではないのかな。おまえは今まで目先の苦しみでさえ障害のせいにして、ろくに悩むこともしてこなかった。(略)さあ自分から泥沼の中に入って苦しむのだ。そして、自分の本当の心を見つけ出すのだ」

龍之介が気がつくと、もう老人は消えていた。そして龍之介の体は、もっと深い沼の底に沈んでいった。

はっとして目が覚めた。龍之介は長い夢を見ていたのだ。》

見えんって、どういうことや

この年、智は生涯忘れられない言葉と出会う。その後も、ずっと胸に突き刺さる言葉だ。

「おい福島、目が見えんって、どういうことや」

トランペットを最初に教えてくれた盲学校軽音楽部顧問の石川満澄に突然いわれた、あの言葉だ(第1章参照)。

中学部二年のある日の夕方、喫茶店でいっしょにコーヒーを飲んでいた。石川も全盲だ。やりとりしながら、智が「神ですか」というと、「よくわかるなあ」と石川がいった。

九歳で失明してから、見えないのが当たり前の日常だった。それを「見えないってなんや」と初めてきかれた。

障害とは何か、考え始めた。

先生はなぜ、「目が見えんってどういうことや」と智にいったのか。石川はいま、当時を振り返ってこんな話をしてくれた。

あのころ石川は二八歳。小学校一年まで見えたが、途中で盲学校へ転校した。「右目は一歳前に見えなくなったけど、左目は見えたので走り回ってたしね。夕焼けのきれいな赤、虹の色、海の青さも見てる。見えたので色はわかる。でも、いまは見えない……」

「因果応報」といわれ、苦しんだ。目が見えなくなったのは、親が罪を犯したのか、祖父母か先祖か、と。「目が見えんということはどういうことか」とは、石川自身が悩んでいたことだった。

二五歳のとき、聖書のヨハネによる福音書を読んで衝撃をうけた。イエスが全盲の人にあう。弟子がきく、なぜ、目が見えないのかと。「神様のみわざをあらわすために、見えなくしているんだ」とこたえた。そうか！　と。目が見えないことを初めて喜べた。

だから「福島が「神ですか」といったときに、びっくりした。かしこい子。びっくりするほど頭がいい子。でないと、こんな話はしないけどね」。

石川のいう頭のいい子とは、何かを投げかけると、想像し、自分の知っている知識で頭を回転させ、考えられる子。石川は相手が中学生でも、「わかる子」には、何でも話していた。

「私は、神のみわざを知って喜べるようになった。でも、障害は克服できるものではない。死ぬまでなくなるものでもない。いっしょにいまも横にある。だから、喜びとともに、いつもしんどいですよ。その両方がある。あのときの私もです。だから、福島にゆうたんやと思います。

福島は小学部のむじゃきなおチビの時から知ってる。のびのびと育ってた。親の愛情をうけて育った子どもやね」

落語のユーモア

三歳で右の視力を失ったときも、九歳で失明したときもへこたれなかったように、智は全盲の上にさらに一四歳で右の聴力を失った状態もうけ入れていった。まだ左耳が残っていた。

たとえば、八月一五日、テープに残る一四歳の福島の声は、どこか落語調でユーモラスだ。

〈座骨神経痛にアホみたいになってしまいましてねー（略）うーん、「微めまい」があるわけですね。えー、その微熱じゃなくて、その軽いめまいが、もう気色悪い、（略）なんか、なんか足が地についてないといったらおかしいんですが、頭が地についてないというか。（略）うーん。まあ、聴力はおんなじようなもん。眼の状態もしょっちゅう（内）出血する。ええとこなしですな。（略）そして全然、僕、土台ができてませんね、考え方が。まず、いろんな本を読まなくちゃいけないと考えました〉

福島自身、論文執筆のために当時の自分の声の録音を文字おこししてもらって読み、「一種開き直った明るい印象さえ感じられる。貧困や窮状を逆手にとった、「突き抜けた」明るさとユーモアを発揮する、古典落語の登場人物たちに感化されたようなたくましさ……」と驚くほどだ。

智は「全盲片耳」で、高校受験にのぞみ、受験期をのりきった。

耳のこともあり家族は反対したが、高校は東京の筑波大学附属盲学校(現・筑波大学附属視覚特別支援学校)高等部を受験した。ただひとつの国立盲学校で、全国で唯一の盲学校の「進学校」でもあった。

智が小学校五年のとき、七歳上の長兄が大阪大学法学部に合格した。当時高三と高一の兄たちの受験の話もよくきいていたので、自分も兄たちのように大学に進学したいと思っていた。

中学二年のとき、石川准が全盲者で初めて東大に合格して話題になった。石川は筑波大附属盲学校高等部から現役で合格していた。智は、附属は少なくとも他の盲学校よりは大学進学に有利だろうと思った。石川はいま静岡県立大学教授、障害学会の初代会長だ。

受験のために、理科の参考書を母が音読したテープがいまも残っている。試験は英語、数学、国語、理科、社会の五科目で、「有事法制について述べよ」という問題があったのを福島は覚えている。

七九年春、合格して上京。母は息子を寮に残して去る日、「なんで、親子が別れ別れに暮らさなあかんのやろか」と涙にくれた。智は、また新しい世界に踏み出していった。

右目、左目、右耳と視聴覚を奪われ、これからどうなるかという不安があった。だが、「なんぼなんでも左耳までは」と、盲ろうになる日がくるとは夢にも思わぬ旅立ちだった。

4　男版ヘレン・ケラーとちゃうか
――八一年二月の俺・全盲ろうに――

異変は、上京してわずか一年でおきた。

一九八〇年、高等部二年の六月、残された左耳がわずかに聞こえにくくなっているのに気づく。寄宿舎の食堂にあるピアノの音が前より小さい……。ピアノが壊れたのではない。自分に何かがおきているのだ。

〈これほどの脅威が俺にとってあるだろうか〉(八〇年六月八日の日記)

上京後も左耳を守るためにハリの治療は続けていたのに。かぜがもとで耳に水がたまり、鼓膜に穴をあけて吸い出す治療をする。八月、夏休みに神戸の病院で調べると、左耳は軽い難聴になっていた。

悪　夢

そして冬休み。検査すると難聴がさらに進んでいた。

〈……全体的に聴力が落ちている。平均三〇～三五デシベルというおそろしい状態なのである。(略)俺はなぜ、俺はどうしたんだ。このことばに類似した語をいったい何度口にしたことだろう。ああ、ああ、ああ、俺のからだ、俺の耳、俺の運命はいったいだれが握っているのか？　この耳に聞こえない音が増えている。俺から世界が遠ざかっていく〉(同一二月二三日の日記)

原因は医学的には説明不能とされ、わからない。だが智は、その年の秋、大きな音で軽音楽の練習をして騒音にさらされ、さらに文化祭のバザーをめぐる心理的ストレスが重なっていた。智は生徒会の会長だった。冬休みの帰省前には、友だちの声が聞こえにくく、聞き返したり「もう一度いってくれ」と頼むことがふえた。

一九八〇年一二月二五日、一八歳の誕生日を最悪の気持ちで迎える。

〈これまでの一生で、今がいちばん苦しいときだろう。いや、俺はこのことばを繰り返してきた。常にだ。そしてそのことばはすぐ打ち消され、さらに悪い状態が訪れた。いったいどこまで落ちるのだ。俺は外界から離れたくない〉(同一二月二八日の日記)

三〇日には、愛用の点字タイプライターの音が小さくなったと悲嘆にくれた。ガチャガチャとうるさかった金属製の音が、いまは白いベールの向こうから聞こえる。

おそろしい夢を見る。

それはこんな風だ。

〈ラジオの音楽がどうも小さい。どうしたんだろう。スピーカーに耳を近づけてもだめ。ピッタリとつけるとようやく聞こえた。でも、その音も小さくなり、やがて消えていく……〉

この夢はその後、一〇年ほども続き、智を苦しめた。

男版ヘレン・ケラーに……

八一年正月、帰省していた智は早々から石川を数日おきに訪ね、ハリの治療をうけた。石川は兵庫県立盲学校時代の軽音楽部顧問で、あんまハリ灸を教えていた。

智の聴力は、一月六日の検査では五〇デシベルにまで落ち、耳のそばで大声で話さなければならない。当分、自宅で養生することになった。ある夜、目覚まし時計が鳴り出した気がして止めにいくと、時計ではなく、耳鳴りだった。海のような小さな揺れのある音、高音、ジリジリと低く鳴る音など四種類の耳鳴りに苦しんでいた。

「僕は、男版のヘレン・ケラーになりそうや」

石川の家に、泊まりがけで来た夜、智が嘆いた言葉を石川は鮮明に覚えている。風呂からあがって、「さあ寝よか」というときだった。

声がふるえていた。

石川も全盲だが、智が泣いているのがわかった。だが何もできない。石川は当時三二歳。こちらも教え子が「助けて」と叫んでいる。

あまりにつらくて言葉がでない。返事のしようがなかった。

ただ、智の右手をとって、自分の両手ではさんで力をこめて握った。

「おまえのつらさ、わかるよ」と何とか伝えたかった。

石川が振り返る。

「心のなかで働いたことは、この子は、いまつらい、不安を訴えている。でも、耳が聞こえなくなったら、もう一回エネルギーが出る。とことん聞こえなくなったときの方が、力をもつで、と感じた」

なぜ？

「僕のひとつ先輩にいたのよ、そういう人が」

弱視で、徐々に視力が落ちると周りのものがぼやける。もっと落ちるかもしれん。そのストレスをいじめで発散していた。ある日、全盲になったら、これ以上悪くなりようがないと心が安定して、明るい人間になった。

「障害がどんと進んだとき、人間って、もう一回明るくなると感じてたから。福島もきっと……」

その願いにも似た直感は、あたった。

まさかアホなこと——母の心配

八一年三月に入っても、左耳の聴力は落ち続けた。耳元で大声で話してもらっても、もうほとんど聞こえない。

母令子は、危機感をいだいていた。

部屋で仁王立ちのようにして、大きな声でいった息子の言葉が鮮明に残っている。それはまるで舞台俳優のようだった。三月一日のことだった。

「ドキッとすることが何度もありましたね。ある日、智が「日本の偉い作家は、たいてい自殺したなあ」というたとき、ドキッとしてね。

智が暗号を出しとるのかなと思ってね。それはものすごい悩んでるときやろうから。

「智！　まさか、そんなことするのと違うやろな！」というようなことをいうたら、「お母ちゃん、アホやな、僕がそんなことする人間やと思とったんか」て、ハハハと笑って自分の部屋に帰っていった。

ちょっとでも考えたかもしれないね、すべてがつまらないでしょう、聞こえないし、見えないし。だから日記にも「つまらん、つまらん」と書いていた時期があったみたいやし。笑って自分の部屋へ行ったけれども、何日もまた悩んだのよね。

それと、それからずいぶん日がたって、一年くらい後かもしれん、ある人から、「高校生の女の子が事故で眼と耳がだめになったんや」ときいたとき、「僕、すぐに手紙を書くよ、その子、ほっといたら死んでしまうよ」というたのよ。どう思われますか」

自分もそのように……

「自分がその道を通ってきたから、自分もそこまで考えたことがあったから、そういうことをいえたんやな、と。残念ながら、聞いたときにはもうすでにその女の子は亡くなっていた」

自殺を？

「そうらしいです。家も引っ越して、病院もボランティアの人にも内証にしてはったみたい。だからすごい悩みやったと思うわ。(盲ろうの状態になった人は)どの人も一度は死んだほうがましと思っているのよね。みんな、どの人もね」

令子は、三月一日付で寮母に出したはがきに、智が「今夜、日本の偉い作家はみな自殺してるなあ……といった」と書き送った。忘れられない言葉になった。

刻々と聴力が落ちるなかで、智とともに令子も苦しかった。「この広い世の中で、僕の耳を治せる医者は一人もおらんのかっ」と叫ぶ息子の声もきいている。胸が締めつけられる思いだった。

のちに、当時の福島をモデルにした漫画が出版された。そのなかに、押さえきれない感情を爆発させて本箱を倒したり、線路の前で泣き崩れたりする場面がある。

「実際は、いっさいそんなことはしなかったんですよ。自分の机のところで本を読むか、字を書くか、それで考えたのよね。「僕の耳はいま、変だよ、もうシンセサイザーのようにいろいろな音が聞こえるよ」というのも、すごく哀しくて。

ほんとうに不安やったと思うのに、それもニコッと笑いながらいうの。ほんまに私も、針のむしろに座らされとるみたいやったわ」

無理心中する気か!

令子は、毎晩枕をぬらした。すると夫にこういわれた。

「おまえ、智と無理心中でもしようと思っとるのか。そんなこと、智は迷惑やというぞ。死にたかったら、おまえ一人で死ねっ」

令子が思い出すようにいう。

「すごいでしょう?(笑) 主人も必死やったんだと思うわ。もし、私が死にでもしたらどうするの、だれが智の世話するのよ。ねえ、そやから、それは励ましの言葉やと。私も死のうとなんて一度も思ったことないのにと思ってね。なぜ智にばっかり次から次からこんなことになるんやと思って、悔し涙やったのよね。ほんとはね。

主人は男として「おまえも大変やな、がんばってくれよな」という優しい言葉をいったら、かえって私が、ナヨナヨッとなったらいかんので、反語みたいにグワーッといったんでしょうね。戦略的なあれかなあ(笑)」

それほど、枕がぬれてたんですね。

「そう、毎晩ね。智が三歳で右目を失明したときも、私はもうほんとに泣いていましたけどね。今はヘラヘラしとるから、そんなところ通ってきたとはだれも思わへんけどね。いや、フッと思い出したら、そうでしたよね」

智は、本を読み続け思索を深め、少しずつ、また光を見いだしていく。それは落ちきったという、ふしぎな安堵感でもあった。

〈今は何もやる気が起こらない。(略)俺はいったいどうなるのか、未来はあまりに不安だ。しかし、もう落ちるところまで落ちきった感があるなあ。ゴーリキーの『どん底』に秘められた、あの人間賛美の気持ちを自分に向けて邁進したいものだがそうもいかないようだ。

カフカの『変身』を読む。(略)すべてのものが虫になりうる可能性を秘めているのではないか？　そういったものをグレゴールは象徴しているのではないか？（略）すなわち俺自身がグレゴールであることが、ある意味で現実に証明されているからである〉（一九八一年三月三日の日記）

なぜ僕に苦悩が与えられるのか

三月上旬から半ばにかけて、令子は、あのドキッとした言葉から一週間ほどたったある日、智のふっきれたような言葉をきく。

「『おかあちゃん、僕は……』と天井の方をみていうんですよ。

「考えに考え、悩みに悩んで頭が透明になった。

僕は何日も何日も考えた。なぜ僕だけがこういうふうに苦難を与えられるのか。そうしてあるところに到達した。それはもし、神様がいるなら、いままで聞こえていた耳、見えていた目、それをもって僕をこういう状態にしたのは何か、これには深い意味がある。この世の中には、病気とか、薬害とか事故で僕ときっと同じ状態の人がいると思う。僕はこの苦しみをその人たちのために、役立たせようとされているのではないか、というふうに思えたんだ』と。そのときほおが明るくなって。ああ、この子はふっきれてくれたなあ、と思いました」

智が、トルストイの言葉に出会ったのもこのころだった。三カ月の自宅療養の最後の日である三月二〇日、トルストイの作品の読後感想として、トルストイによる聖書の引用で感銘をうけた文章をあげ、とくに、次の言葉には「感動する」と書き添えている。

〈未だ神を見し者あらず、我等もし互いに相愛せば、神われらに存す〉(ヨハネ第一の書、第四章第一二節)

使命があるのかもしれん

私が〇五年春、福島に初めてインタビューしたとき、もっとも知りたかったのは、過酷な状況のなかで、なぜ、死ななかったのかということだ。

福島に、自殺を思ったことはないのですか、と当時の気持ちを尋ねると、「それはないと思います。あわてなくても、いずれ、みんな死にますから」と答えた。

福島は、苦しみの末、自分には「使命」があると考えて「生きる」ことにする。

なぜ、どのような経過でそうした心持ちになったのか。

「使命」に気づくきっかけを尋ねると、福島は「はっきりしませんね。でも、当時、芥川龍之介や太宰治、三島由紀夫などを読んで、みんな自殺している。「自分は死ぬまい」と決めたことでしょうか」といった。

そして、すぐ当時の手記が、メールで送られてきた。

「私の一九八一年二月一四日付、盲学校のクラスメートへの手紙にそえた手記。これで、だいたいこの時期の状況はおわかりいただけると思います」

この時期とは、回復する可能性が全くないわけではなく、福島にとっては聞こえる世界と聞こえない世界の分岐点にさしかかったころだ。自分がこの世界から消えてゆくような恐怖や孤独のなかで、点字の本を読み、友人に手紙を書き、日記をつけ、何とか自分を保とうとしていた。

私はすぐプリントアウトして読み始めた。ひきこまれた。原文は、福島が点字のタイプライターで一文字ずつ打ったものだ。

「一九八一年二月の俺」と名付けられ、それは小説のような書き出しで始まった。

《電車が入ってきた。もうすでに気にならなくなったが、俺にはこの音がラジオドラマの擬音ほどにしか感じない。今の俺には騒音という観念がなくなっているようだ。

座席に座り神戸までの二十数分間、本を読む。

芥川龍之介の『歯車』『或阿呆の一生』『玄鶴山房』だ。

俺はなぜか『歯車』が読みたかった。(略)

それが芥川の死を予期した、いや、もう、それを目の前にした彼の作品であることを知りながら、なぜか俺は読みたくなった。

その理由はわからなかった。予想通り、一層俺は憂うつになった。

彼のいう、「目の前に半透明の歯車が回る」というところは、俺に何か身近なものに感じられた。

内科で採血をした。俺は注射器の針が手に触れる瞬間、いつもの無意識的な心構えになる。まるでその痛みが拷問のそれででもあるかのように、そして俺自身がそれを受ける人間のような気になり、ヒロイックな陰を自分自身に見出そうとするのだ。

そしてすぐ自分にひどい嫌悪感を感じる。

「ばかな。ただ蚊が刺したくらいの痛さをなんだ。小林多喜二を見ろ」

耳鼻科の待合室に行ったときは、既に『或阿呆の一生』に入っていた。「或阿呆」、もちろん芥川自身のことである。あまりにも敏感な神経を持っていた彼は、自らの罪に耐えられず、また社会に耐えきれず、自らの命を絶った。その一生の晩年一五年間の彼の行動の断片が記されてあった。

「或阿呆」。俺はちょっと今までの自分の生きてきた道を思い浮かべた。或阿呆とは俺のことを言っているのかもしれない。

阿呆なればこそ、破滅への運命をたどり、自己の中に自己を破壊する力を秘めていたのではないか？

しかも俺は芥川のように自己の罪を認識することさえもできない大ばか者なのだ。》

智は、中二のときに書いた短編小説『龍之介の夢』を思い出す。芥川について何も知らなかったが、主人公に龍之介の名前を使い、運命への恐れを書いた。自分自身が心の中にある沼に入っていくのを見る、という話だ。文学作品をとおして真剣に人生を考えるきっかけになったのも、芥川。『杜子春』で「幸福」を考えた。

偶然なのか。自分と芥川の内的世界が似ていることを無意識に感じていたのではないか？

そして、智は人間の、自分の存在の小ささに気づいていく。

《診察室に入った。（略）鼻の奥に綿棒を入れて刺激を加える治療がなされた。強烈な刺激だ。目が痛くなり、それも熱さを伴う痛さが襲う。涙が流れる。これも仕方がない。小さなころから目にいろんな刺激を受けてきた俺は、目の近くを刺激されると、涙がひとりでに流れるのを制御できないのだ。

しかし心の中で俺はつぶやく。「つまらんことさ、くだらないことさ」

事実、俺にはその痛さも、そして流れ出た血のことも大して気にはならなかった。最近俺はあらゆることに関心がなくなってきているのを感じる。「つまらない。くだらない。」こういうことばが、またこれに類似する意味を持つことばにならないことばが、いったどれぐらい俺の頭の中でささやかれているだろう。

俺は人間の小ささを思った。またその心の狭さと非力さを感じた。俺のまわりでは以前にまったく変わらず自動車が走り、人が歩いているのだ。

神戸の駅に通じる道は暑いほどの日差しが照っている。

俺の周りにはいくらでも幸福を感じている人間はいるし、以前の俺が楽しく感じることはいくらでもある。それがただ俺の肉体的条件の若干の変更のために、世界が変わったように感じてしまう。なんてくだらん存在だ、俺という人間は。》

智は母と公園の中を通り、階段を下りながら、じっと自分の足音を聞いていた。自動車の通る音よりもずっと大きく、はっきりと自分の足音が聞こえる。靴が歩道を踏む衝撃が体内から耳の横の骨を伝わって直接内耳の神経に達して聞こえる音だ。「内耳の神経は死んでいないらしい」。だがそれは、急に大きくなり、何かが迫ってくるのを予感させるような音だった。

駅に着き、上りの電車に乗る。問題集を買い、サンドイッチを食べる。急に母親が首を突き出して「さっき変な人がいたで」と耳元で言った。

《「あのエスカレーターのところでカーディガンを頭にかぶり、床に座りこんで通行人に怒鳴っていた人がいたよ。大きな声で言ってた。「君たちはみんな犯罪者だ。平気な顔で歩いているが、君たちはみんな犯罪者だ」って」

俺はぎくっとした。この母のことばの「犯罪」という語がcrimeという単語に変わるのを感じ、更にsinに変わるのを感じた。

俺は苦笑した。

(なんだ、もう影響されたのか?)

芥川の『歯車』の中で、彼が虫からwormを思いだしたり、電話の声からモールmole(＝もぐら)を思いだし、さらにフランス語のla mort(＝死)という語に置き換える部分が頭に残っていたのだろう。しかしcrime(犯罪)がsin(罪)に変わったとき、俺ははっとした。

俺自身に罪を感じていないと思っていた矢先、そんなことを言う人間が現れたのは偶然だろうか?

俺は目に見えぬ不吉なものを感じた。(略)》

《(略)俺は自分の気が狂ったところを思い、ぞっとした。そして、またすぐ、過去に上の兄とした会話を思い出した。

「俺が気が狂うことはないやろうなあ」

「何でや、お兄ちゃん？」

「まあ、気が狂うようなことがあったら、狂う前に自殺するだろうな」

兄のことばが真実味を持って俺によみがえった。兄と類似する性格を持つ俺も、やはりそう思わざるを得ない。

しかしまた、『歯車』を学生時代に読んで自殺を考えたという北杜夫が、三〇までは生きろ、と言ったことばを思い出す。

人間の苦しみが自分自身に内在するところから生まれる、と言ったドストエフスキーを思う。

そして俺はこんなことを考える自分もまた、他者の目で見ている俺を自覚する。

（また始まったか？）

いつものことだ。自分がわからなくなる（略）

際限のない迷路だ。ふと俺に、この世界にいるのはほんのしばらくの間で、俺のもっと安定した永続的な状態は今の状態じゃないのじゃないか？という根源的で強烈な思いが襲ってくる。（略）》

家に帰ると級友から手紙が来ていた。少し心が和み、もう一度読むと、さらに明るい気持ちになるだろうと思う。考えようによれば、希望的観測はいくらでもできるのだ、と。このころは、まだかすかに聞こえていた。

智はのたうち回るように自問自答して、やがて光を見いだしてゆく。

《現実を表裏二面から弁証法的に捉えれば苦しみも去るだろう。

しかし俺の明るくなり始めた気持ちの裏に、別の気持ちが生まれる。

(なんと俺とはちっぽけな存在なんだ。ただ少しのことで、ほんのささいなことで、俺の心は変わる。俺の周りの客観の世界は常にじっとしているのに、俺の心は動き回る。この大きな宇宙の中の点にすぎない俺の存在。しかしそれが、俺の自我は俺が宇宙のほとんどを占めているような錯覚を感じている。なんと言うことだ。)(略)

俺は何をするために生きているのだろうか? 俺の存在に意義があるのだろうか?

(略)

俺には何もわからない。芥川もドストエフスキーもわからない。ただ芥川は俺に憂うつさを与え、ドストエフスキーは俺に尊敬の念を抱かせるだけだ。

しかし俺は「死」を否定したい。

少なくとも積極的に「死」を求めることは罪だ。これは人間のもつ罪の中で最も重い罪かもしれない。俺にただ希望を与えてくれるものは、愛と神だ。俺の既知の世界にこれらの持つ意味のいったいどれだけがあるだろう。百分の一かも、また千分の一かもしれない。愛は神と異なるか、また両立するか？　今の俺にはこの二つが必要なようだ。いやこれからの俺にも、この弱い俺にも必要なようだ。

俺は初めてそこに何かつかみどころのあるものを見いだしたような気がする。

しかし愛は遠く、神はさらに遠い。

夕食の時間だ。その後は夜だ。そして明日からまた、病院と家との往復の生活だ。今俺は静かに思う。

この苦渋の日々が俺の人生の中で何か意義がある時間であり、俺の未来を光らせるための土台として、神があえて与えたものであることを信じよう。信仰なき今の俺にとってできることは、ただそれだけだ。

俺にもし使命というものが、生きるうえでの使命というものがあるとすれば、それは果たさねばならない。

そしてそれをなすことが必要ならば、この苦しみのときをくぐらねばならぬだろう。いろいろな考え方があるだろう。運命について、悪魔について、そして神について。しかし俺は何も知ってはいない。だから逆に俺は救われる。

俺はこの考えを仮定し、その仮定のうえで生きていくしかない。

それは、俺の使命がこの苦しみがあって初めて成り立つものだ、と考えることである。

俺はそう思ったとき、突然、今まで脳の奥深く、遠いところで、この両耳の六種類の

耳鳴りの空間の向こうで回っていた、半透明の歯車が回るのを止めたように感じた。》

福島はいま読み返して語る。

「これは、もともと親しい友人への手紙にそえた手記です。でも、友人に自分の状況を伝えるため、というよりも、自分自身の気持ちの整理のために書いたものだと思います。後に、これは私の「記念碑」的な文章だと思って、おそらくその年のうちに、友人から返してもらっています。内容は一八歳の少年の青臭いものも感じますけれど、ただ、うそはない、と自分には思えます」

苦悩には意味がある。そう仮定して生きていくしかない。使命があるとすれば、それを果たさねばならない。一八歳の智は、苦しみ悶えながら、外界の音が消え、代わりに耳鳴りのする渦中で、自分にいい聞かせていた。その思いは行きつ戻りつしながら、智を支えた。

だが、この先に、もっと深い闇が智を待ちかまえていた。

5　指点字考案——母から見た智

光を奪われ、その上、音も奪われる。そんな自分には何かの使命があるのかもしれない。そう思いつつ、智の心は揺れた。救ったのは、母が偶然思いついた「指点字」だった。

あの日。

神戸のつましい市営住宅の台所で、智はいらだっていた。通院するのに、付き添う母の支度ができていない。

「何時やと思てんねん。何モタモタしてんねん」

まくしたてる息子に、たまりかねた令子は、ふっと思った。これわかるやろか。

点字は六つの点の組み合わせで五〇音などを表す。点字のタイプライターは、両手の人さし指、中指、薬指の六本を使って打つ。それと同じように息子の指先に打ってみた。

さ　と　し　わ　か　る　か

息子は、にっと笑っていった。

「わかるでえっ」

通じた！　母は、もううれしくて、天にも昇る心地。だが、智は違った。「ようその体重で天に昇れまんな」とちゃかす。「お好み焼き屋のオバハンみたいなおふくろとだけ話せてもおもろない、あっ、そんなん言うたらお好み焼きやのオバハンに悪いかぁ……」。そもそも一八歳の男が、母親とそんなに話すことはないのだ、と。

のちに福島、そして盲ろう者の重要な生命線のひとつになる「指点字」は、生ゴミのすぐそば、神戸の台所で母と子によって生まれた。

ニュートンのりんご

なぜ、指点字が生まれたのか。

福島は、母のことを「楽天的でおおらかな性格、私はユーモアのセンスを母から受けついだ」という。令子は、きのうのことのように、運命の日を話してくれた。

「あの日、智が「あんた、何、ぐずぐずしとるんや、もう病院へ行く時間やぞ」とか何とか偉そうにいったんですよ。台所へ来てね。あの子は言葉はいえるから、なんぼでも。

私は茶わんを洗うか片づけをしとった。智は帰ってきたらパッパッとおふろに入って準備しとるやんか、ちゃんとお洋服を着替えて。そんな、ちょっと待ってよといおうと思ったんやけど、(聞こえんようになっとったから)怒鳴らいかんしね。いつもいつも打ってるタイプライターを智の指に直接したらどんなになるのかなぁと。通じるかどうかわからないし、智も怒るかもしれない。だけど、もう怒ってもええから、やってみようと思ったの」

まず、ポンポンポンと点字だという合図を左右の六つの指にして、それから「さ　と　し　わ　か　る　か」と打った。

「というのはね。こんなことしてわかるわけがないと私は思ったんですよ。それでね、そのまま「わかるか？」」と打った」

よくわかるように、ゆっくりと、力をいれて。

「そしたら、フッと笑ったのよね。「わかるでえっ」って。いままで「お母ちゃん、遅いから」とか「ぐずだから」とか何とか言って怒っていたのに、あの子すぐ、気分をパッと変える子なのよね。

あのとき、智が怒って、そんなもんわからん！　というたらそれでおしまい。それを智はニッと笑って、わかるでえって。ほんとうにうれしかった」

ニュートンがリンゴの落ちるのを見て、日ごろ心にかかっていた万有引力を思いついたように、親子で真剣にコミュニケーションについて考えていたときに、ふと心によぎった思いつきだった。

「『ふと思うのは、神の心』と私の宗教(天理教)ではお話にあるけれど、本当に、これはふしぎなことだったの。人間の思いつきでできたものではないような、祈りに似た尊さがあったわ」と令子は語っている。

このとき令子は息子と向き合って、その指に打ったので、受ける側の智にとっては、逆向きに打たれたことになる。

「そう、そんなにいきなり打たれてわかる人は、後で他の人にやってみたけど一人もいなかった。あの子は勘も鋭いけれども、だいぶん長いことタイプライターもしてるし、それでパッと感じたんやろね。だからみんなが「お母さんが考えた指点字」というけども、それを素直に受けて理解した智があってこそ、生まれたんやからね、というてるんです」

智も令子も当時、治療方針で悩んでいた。西洋医学と東洋医学との間でゆれていた。父親は西洋医学をいうけれど、目の治療で西洋医学への不信と限界を感じていた。

ちょうどそんなころ、ある人の紹介で、食事は玄米菜食を一日に一度、あとはできるだけ体を動かす療法を実践する。一日一〇キロ走るのを日課にしていた。実際は四・五〜八キロほどのことが多かった。

走るといっても盲ろうの智は一人では走れない。母令子が自転車をこぎ、その右側を智が、母が腰につけているバンドをもって走った。

あの朝も、マラソンをして帰宅、福島が風呂に入って着替え、通院に出かけるまでのできごとだった。

日課について、令子は思い出深い。

「私が弱虫で、坂道で「もうしんどいからやめよう」というたの、そうしたら「あんた、何をいうとるんですか、あんた自転車でしょう？　私、走っとるんでっせ。僕の方がしんどいはずや」いうて、ひとつも聞いてくれないんですよ(笑)。

雪が降ろうが、雨が降ろうが、「もう、寒いから帰ろう」といっても、「だめだ」っていうのよ。すごい、意志が強い子やなと思って」

智が一八歳、母は四七歳だった。

いつか、特定できない

指点字を思いつくには、伏線があった。

まず、令子が点字を勉強していて、さらに息子からいわれて、点字のタイプライターに習熟していた。

智は高一のとき、母に点字のタイプライターを勉強してほしい、と頼む。大学受験には、家族の点訳が欠かせないと思ったようだ。息子の願いに、母は一生懸命こたえようとした。朝から晩まで点字のタイプライターを練習し、ひと月でマスターする。点字のタイプライターは、両手の人さし指、中指、薬指の六本を使って打つ。これが一年半後、息子の窮状を救うことになる。

母には思いつく力があった。

「ずーっと考えてましたからね。いつも、ずっと何かいい方法はないかな、と常に考えてるから、ふっと思ったんやね。サリバン先生がなんで、思いつかへんかったんやろか」

だがふしぎなことに、「あの日」がいつか、二人は特定できない。

福島は、一九八一年三月四日～六日の三日間のいずれかだと思うというのだが、くわしくつづっていた日記にも書いていない。ちょうどこのころ、智の聴力は極端に落ち、母子のコミュニケーションはますます不自由になり、二人とも精神的に追いつめられかなりいらだっていたからだと、福島はのちに論文でも分析している。

令子は三月一一日付で寮母に送った手紙で指点字について書いている。

〈とにかくただ今はひどく悪い状態で、耳のはたで大声でどなってやっとわかるくらいです。それもあまり大きくても音がわれてしまいますし、耳にもよくないと思いまして、指と指で点字の暗号を考案いたしました。(略)複雑なことは点字文に書き、簡単なことは指点字でやり、又出来るだけ本人にしゃべらしてこちらは「イエス」「ノー」のサインだけですむよう心掛けています〉(一九八一年三月一一日)

まめにつけていた智の当時の日記にも、指点字について書かれたものはまったくない。母が手紙に書いたころの智の日記はつぎのようなものだ。

〈苦悩とあきらめと何もできぬ自分に対するいいしれぬ腹立たしさと味気なさと空虚さの中から、また日記を記す〉(一九八一年三月七日)

〈今俺は、一体これが何度目なのか分からないことばをまた吐かねばならない。俺の耳は生まれて以来最悪の状態だ。耳鳴りは強い。(電話の)時報は聞こえない。耳元で叫んでもらってもわからない〉(一九八一年三月一五日)

智は、当初、指点字にあまり関心がなかった。令子の手紙にあるように、最初は簡単なやりとりにしか使えなかったためか。また、智はまだ、耳元で大声で話されるとわかったので耳で聞くことをあきらめず、いつか治ると期待をもっていたからなのか。別の方法があるにせよ、母の考えた指点字よりもっといい方法を自分でみつけてやる、というような思いもあったのかもしれない。

だが、令子はもっぱら指点字で話しかけた。そして、通院の道で指に打とうとすると、息子に「そんな、変なことしてくれるな。僕のこの耳に話してくれっ」とひどく怒られたのを覚えている。「この耳に！」と指さして、息子はいらだった。

「デブチン」さん

だが、三月六日に使って役に立ったのは確かなようだ。

通院先で点滴を受けている間のできごとだった。右手にうまく針が入らず、左手に点滴をされた。智は左手の人さし指で点字を読むので、この日は点滴をする一時間ほどの間、いつものように点字の本を読めなかった。

そこで、令子が横に座って、処置室のなかの婦長さんが、器具を煮沸消毒するなど働くようすを智の指に打った。処置室は外来診療も終わって静かだった。令子が退屈そうな息子の指にそっと伝えた。

「今、若い看護婦さんが入ってきたけど、すごい「デブチン」さんの大根足の看護婦さんやで……」

すると、智がうわはははっ、とはじけたように大声で笑った。婦長や「デブチン」さんがびっくりしてこちらを振り向いた。静かな部屋で、それまで話し声もしていないのに、いきなり患者が笑ったのでは、さぞ驚き、ちょっと不気味だったかもしれない。

それにしても、聴力がどんどん落ちているどん底の時期に、大笑いするなんて。これが福島母子の底力なのか。ユーモアの力？

福島自身、「当時、「関西人的な笑いの感覚」を失っていなかったのは、我ながら驚きますよね。デブチンさんには申し訳ないけど、久々に大笑いさせてもらったのを思い出します」と、そういって、また笑った。

風雪の人生

八一年三月二一日、三カ月の自宅療養を終えた智は附属盲学校にもどるため、母とともに上京する。この前夜、父が智に贈った点字の手紙がある。

父は点字のルールも知らないのに、点字の表を見ながら、こつこつと打った。

「新しい挑戦への旅立ちに際して。

納得がいくまでやってこい。

幼いときからの風雪の人生。

それはおまえだけに与えられた試練ともいえる。

人間の機能と能力の限界を見極めさすために、何者かが与えた試練と思えて仕方がない。

かつておまえを愛してくれた今は亡き人たちと、今生きて、おまえを見守ってくださる人たちの愛情に応えるためにも奮起してほしい。

おまえにはパパとママ、そして二人の兄がついていることを忘れるな！

それでは元気でな」


智は父の言葉に胸があつくなった。この手紙を智は、その後の受験勉強や苦しいとき、何度も読み返した。

いまも大切にしている。

6「通訳」誕生——トムとケティー

智は、一九八一年四月から東京の筑波大学附属盲学校高等部三年生にもどった。初めて盲ろう者を受け入れる担任には塩谷治《しおのやおさむ》が手をあげた。福島が指点字のしくみを伝えると、点字に堪能な級友たちはすぐわかって、つぎつぎに智の指先に話しかけてきた。

「みんな、まってたのよ」

「おかえり」

「また、おおいにさわごうぜ」

「ぼく、またふられた」

たわいないおしゃべりが心にしみた。久しぶりに大笑いし、「これならやっていけるかもしれない」と、生きる気力がわいてきた。

授業は、塩谷が生徒たちと相談して支えるしくみを考えてくれた。同級生が交代で隣に座り、先生の話をドイツ製の速記用点字タイプライター「ブリスタ」に打ってくれる。するとすぐ幅一センチほどのテープに点字で打ち出される。智は先生の話を左の人差し指でテープから読みとり、右手で点字版を使ってノートをとる。

ゆびで聴き、ゆびで読む。必死で授業についていった。

壺の底に閉じこめられた

だが、授業が終わり、友人が去ると自分から相手を探せない。無音漆黒の世界にまた独りぼっちになる。

「まるで、刑務所で慰問をまつ囚人のようです。友だちは気が向いたら「元気？」と話しかけて、気が変わると、ぷいっと、どこかへ行ってしまう……」

コミュニケーションのスイッチが入ったり、消されたり。それは本人の意思ではなく、相手の思うまま。いったん希望をもっただけに、智はさらにどん底に突き落とされた。

「僕は壺の底に閉じこめられていて、みんなが口からのぞいている感じです。ときどきふたが開いて、外に顔を出せるけれども、また、すぐふたをされ閉じこめられてしまう。ときどき光のもとに出るだけに、よけいにしんどい」

六月、心が震撼とすることがおきる。

普通高校との交流の一環で盲人バレーをしたときのことだ。

グラウンドに出たが、智は見学している時間が多かった。みんなが激しく動き回っている気配が地面から震動で伝わってくる。午後の陽ざし。土の香りを覚えている。

「でも、それだけなんです。狭くて暗い別の次元の世界に吸い込まれているようで。この地球から引きはがされて真空の宇宙の果てに放り投げられたような……。集団の中の孤独というか。友人がふいに話しかけてくれるときだけ、地球にもどれる」

この冷え冷えとした体験が胸に残り、のちの博士論文では「盲ろう者は、この世界からの実質的「消滅」と「出現」を繰り返している」と分析した。

こんなこともあった。

体育の授業で、智は生徒たちの前で準備体操をしながら号令をかける役をした。教師が体操を中断して別の作業を指示したのか、みんながいなくなった。だが智は、まだ前にいると思って、ただ一人、号令をかけ体操を続けた……。

「まるで、観客のいないサーカスで一人悲しき踊りを踊るピエロですよね。切ないカリカチュア(戯画)に思えてならないです」

当時の心境を、福島はこう振り返る。

「ジェットコースターみたいですね。下がったり、下がったり、さらに下がりつつ曲がったり。指点字が母によって考案され、四月に学校に戻って少し上がって、六月、急降下で落ちた感じです」

右手首をいったん上げて、指先を左斜め下に鋭くさすように落とし、聴力を失ったときの底よりも、さらに深い谷底に落ちた思いを語った。

「絶望状態です」

そこから救い出したのが「指点字通訳」だった。

コミュニケーション「革命」

夏の夜だった。

八一年七月二一日。夕食を終えた智は、五歳年上の全盲の先輩三浦佳子、盲学校の友人伊山《いやま》哲朗《てつろう》と寄宿舎近くの喫茶店「パーシモン」へ出かけた。三本の白い杖が夜道をすすむ。四人がけのテーブルの奥に智、その右隣に佳子、智の向かいに伊山がすわった。あすから夏休みだ。激動の一学期が終わった。智は少し羽を伸ばそうと思ったのか、オールドの水割りを頼んだ。自然に帰省の話になった。

佳子が、智の指先にふっと打ち始めた。

「三浦・伊山君はいつおうちに帰るの？　伊山・うーんとね、二二日に帰ろうと思うんだけどね」

智はこのやりとりを指先で聴いた瞬間、ぱっと目の前が明るくなった。何かがはじけた気がした。

初めてのことがふたつおきた。智の手にふれている人が智に話しかけるのではなく、智以外の人同士のやりとりを伝えた。この場合、佳子と伊山。それも、だれが話しているか区別して、言葉もそのままに。佳子は、まるで映画の脚本のように、発言者の名前、そして発言とのくぎりの印を打ち、発言内容(せりふ)を智の指に打ったのだ。

これまでなら、こんな風だった。

「伊山君に夏休みの過ごし方を三浦がきいたら、二二日に帰るんですって」

同じようでいて、智にとっては全く違う。話の結末をあとから「……ですって」ときくのではなく、発言者の生きた言葉が、「やりとり」のそのまま、リアルタイムで伝わった。

「……と思うんだけどね」という語尾は、伊山のいつもの口癖だ。この感激と驚き。やっと自分がこの世界に戻ってきた。いま、ここにいる気がした。

智はすぐ、こういった。

「伊山、二二日とははっきり決まってないのか？　どうせお前のことだから、だらだらしていて二三日までいるんとちゃうか？　もう、いっそのこと夏休み中、ずっと寄宿舎で寝てたら？」

その声はいつもより高く、はずんでいた。

発言者をはっきりとさせ、直接話法で伝える――これが指点字通訳の基本になり、福島の人生と、盲ろう者の日々を支えるようになる。

「全く聞こえなくなったどん底から、通訳発見まで三カ月ほど。もし何年もかかっていたら、いまの僕はなかった。生きていなかったかもしれない」

福島はいまも、ときおりそう振り返る。

母令子が指点字を思いついた日は特定できない福島だが、この「通訳」始まりの夜は、「一九八一年七月二一日」と忘れない。コミュニケーションに変革がおきた、画期的な日だった。崖っぷちの福島智に、光がさした。そして三浦佳子は智にとって心の支えになってゆく。

高揚感と幸福感につつまれ、智に心地よいウイスキーの酔いがまわった。

少しさまそうと、三人は寄宿舎のそばの中庭によった。白い杖が、夜道をゆったりと打ち、ゆれた。

佳子がベンチに腰かけると、智はその前にへたりこんだ。向き合った佳子のひざに智が両手をのせ、その指に彼女が指を重ねて指点字をうって、おしゃべりした。

ふ～む、はあ～。智は酔ってふらついたふりをして体をおり、佳子の手の甲にキスをした。

「……ね　て　は、い　け　ま　せ　ん　よ」

佳子が、智の指にゆっくりと打った。意図を感じながら、わからないふりをしたんだ、と智は思った。一瞬のことだった。福島智一八歳、佳子二三歳の夏の夜だった。

なぜ通訳は生まれたのか

なぜ、佳子は通訳をしたのか。

あのとき――。

喫茶店で、伊山は智の向かい側に座っていた。これまでなら伊山は話すとき、智の両手をとって指に打った。だが、この夜はしなかった。なぜか。福島が後に彼に尋ねたところ、伊山はよくわからないと答えた。

福島が振り返る。

「テーブルの上にグラスや食器があって、手を出しにくかった。もともと伊山は体のぐあいで指が動きにくくて、指点字をするのがあまり得意ではなかった。食べたりもしていたので、指がよごれていたのかもしれない、と伊山はいってたけど、まあ、「めんどくさかった」んじゃないかなあ」

そこで、伊山が智の手をとらずに話し始めたので、智の右隣の席で手をとっていた佳子が、伊山の言葉をそのまま智の指に打った。

でもなぜ、佳子はそんなことをしたのか。

偶然、生まれたのか。

何が、飛躍の源なのか。

福島はいま、こんな風に思う。

「何か、愛情がなければできない行為だという気がします。私の状態やコミュニケーションの現状を、何とかしようと強く思ってくれている人なんだと感じましたね。表面的には通訳するというきわめてまじめな、コミュニケーション上の飛躍だけれど、積極的な感情、広い意味での愛情が含まれていると……、そうでないとできない。僕は、新しいページが開かれた、と興奮し高揚していた。だから酔っぱらったふりをして……ということだと思います。

あのとき一番大きかったのは、だれもやらなかったことを実践したこと。言葉でいくら励まして、「できることは何でもしますからね」といわれても、私にとっては意味がなかった。彼女は通訳の前から、「実践する人」だった。それは驚異的なほど」

耐え難かった

福島が、佳子に初めて会ったのは四月。盲学校にもどってまもなくのことだった。

担任の塩谷が、佳子に「見えなくて聞こえない生徒がいるんだけれど、相談にのってあげてくれないか」と声をかけ、寄宿舎に会いにきてくれた。

佳子はその七年前、塩谷が初めて担任したクラスの生徒で、当時和光大学人文学部文学科の四年生だった。

智が「ラジオのニュースも聞けなくなった」と話すと、佳子は思いを察して、その日から毎日、ラジオのニュースを録音して、それをテープ起こしする要領で点訳し、連日のように寄宿舎あてに郵便で送りはじめた。寮母から「いつものですよ」と、冷やかすように手紙を渡された日もある。佳子は点訳に三〇分から一時間はかかったが、コツコツとつづけた。一日も休まずに。

週に一度か一〇日に一度は寄宿舎に智を訪ね、同室の生徒たちといっしょにおしゃべりした。三人部屋に四人の笑い声が響いた。

通訳したときはまだ、特別な感情はなかった、と佳子はいう。

「同じ場にいて、その場の会話を理解できない人がいるのが耐え難かったんだと思います。福島君だけが聞こえないで、わからないなんて」

佳子は一年浪人して、七八年に大学に入学した。

当時、和光大学には聴覚に障害のある人が一〇人、視覚障害の学生が五、六人。車いすの人もいた。どの授業に出ても、障害のあるだれかがいた。

「同じ場にいて、Aさんは理解できない状況にいるのに、平気でしゃべっている人がいたり、周りもそれを黙認しているのがいやだったんです。でも、ドイツ語の小島純郎《こじますみろう》先生は違った」

小島は、七六年に全盲の学生のために点字で教材をつくり始め、七九年から、ろうの学生のために授業でも手話を使って教えていた。

小島の紹介で「ろう」の学生と知り合い、佳子も手話を学ぶようになった。話し手の側が努力すべきだと思った。手話サークルに入って覚え、使うようになった。

もともと手話は、聞こえない人のコミュニケーション方法で、手の動きを見て言葉を読み取る。だが、佳子は見えないので、手話に触れながら教えてもらった。ほかに手話のできる人がいない授業では、見えない佳子が、耳の聞こえない学生に手話や指文字で授業を伝えるようになった。

「私の手話を、あてにしてくれる人がいたんですよ」

ここで佳子は、「手話通訳」を始めている。それも手話を手で触れる「触手話」で学んで。いまでこそ「触手話」は、盲ろうの人たちにとって、指点字とともにコミュニケーションの手段として知られるが、佳子が大学に入学した七八年ごろ、ほかにしている人を佳子も知らない。おそらく国内ではもっとも早い試みだったと思われる。

それも、特別のこととは思わず、ごく自然に「自分にできることを」と、佳子は始めていた。

だが、同じ場にいてわからない人がいても平気な人もいる。佳子はなぜ耐えられなかったのか。「盲学校高等部の授業の影響もあると思いますね」と振り返る。

倫理社会の岩崎洋二先生が「おまえたちはどういう位置にいるかを勉強した方がいい」といった。

「社会に出ると、「見えない人間」とひとくくりにされて生きていかなければならない」のだと。衝撃だった。

世の中にはさまざまな差別がある。障害には「身体障害」や「ろう」などいろいろあり、差別を考える授業では、アイヌや朝鮮問題を講義し、生徒たちに自分で調べて発表させた。佳子は触発されて次々に文献を調べ、心揺さぶられた。

そして岩崎は人間の生きる「権利」について教えた。

「私たち以外にも障害や差別がこんなに……。それも生まれた場所によって、いわれなく差別される人がいる」。自分もいずれ、ここを卒業して社会に出たらどんな思いをするだろう。そして、自分には何ができるのだろう、と佳子は考えた。

国語の教師をめざしたのは担任の塩谷の影響だ。

塩谷は早稲田大学在学中に「早稲田点字会」をつくった。同級生に全盲の四歳上の男性がいた。沖縄出身で、子どものころ戦時中の不発弾が暴発して光を失っていた。せっかく上京して大学に入ったのに、当時点字の教科書がなかった。塩谷は彼のために教科書をつくろうと、点字を始めた。

だが彼は、四年生の八月一五日に陸橋から飛び降りて自殺した。何度も未遂をくりかえし、そのたびにいっそう深く傷ついて亡くなった。

なぜだったのか。何か自分にできることはなかったのか。塩谷は、定時制高校の教壇をへて七三年、盲学校の教師になった。そして全盲の女性と結婚し、公私ともに障害をもつ人たちとかかわって生きてきた。佳子は「塩谷先生が、私たちを子ども扱いせず対等に、自分の体験を話してくださったのを覚えている」という。

最初に担任した高等部一年の一八人のなかに佳子がいた。

当時、盲学校の教師で点字ができる人はほとんどいなかった(塩谷によると、一〇〇人のうち視覚障害をのぞく九〇人の中で点字ができたのは三人)。塩谷は国語の教師で、点字ができ、自分で点字の問題をつくった。画期的だった。

家に帰るのがいやだなあと、佳子がいうと、喫茶店につれて行って話をきき、自宅まで送り届けてくれた。「家まで送るのが一番多いのが三浦さんだよっ」と先生はいった。

佳子が小学校四年生のとき、母親が統合失調症になり、家の中は「ムチャクチャになった」。中学になると母は退院したが、「嫉妬妄想もあり、ケバケバした精神状態にあった」。母は自分のことでいっぱいで娘はどうでもいいんだ、と思い込んでいた。その悲しみや切なさを知るのは、佳子自身が母となってからのことだ。

母の病から、いろんな家族があり人間がいる、と感じ始めていた佳子には、「世の中にはいろんな人がいるよ、差別もあるよ」「現実は理不尽だよ」という教師の言葉が胸にしみいった。

盲学校で三〇代に入ったばかりの岩崎洋二、塩谷治、二人の教師によって、ときにガンガン議論し、ときにじっくりと話をきいてもらいながら、じゃあ、その中で私には何ができるんだろうと、佳子は自らに問いかけ始めた。

盲学校を卒業して浪人中に通った予備校で、教師の言葉通り、佳子は自分の位置を思い知らされる。

国語の授業をうけている二〜三〇〇人の受験生のなかで、「見えないのは私一人」。こんな比率なんだ！　と痛感した。

何の理由もなく、そこにいるのが場違いだといわれ、思われる人がいる。それは存在の否定だ。

見えない人がいるのに無視し、聞こえない人がいるのに、対応しないのは存在の否定。

でも大学で出会った小島先生は、耳の聞こえない学生には手話で授業をし、全盲の佳子たちには、ドイツ語を点訳した資料をつくって、「きょうはこれをやるからね」と授業で手渡した。

「私はそういう先生に先に出会ってしまったんですね。なのに、そうしなくて平気な先生や学生もいる」

だから大学の授業で、ほかに手話ができる人がいなければ、へたでも私にできることなら役に立ちたいと思った。

そして目が見えず、耳まで聞こえなくなった智に出会い、彼のために何ができるのか、と考えた。それは、身に刺さるような孤独のなかで生きる智への共感と、深い想像力からめばえ、佳子のある空白をうめることへとつながってゆく。

自分の存在意義

佳子が二一歳のとき、広島大学大学院の学生だった兄が焼身自殺をした。

本人かどうか、警察に確認を求められても、目が見えない佳子にはできない。障害は克服できるという人がいるが、どう頑張ってもできないことがあるのだ、と知る。見えないとは、そういうことだ、と。この体験を卒業生として、高校三年の智たちに話したことがある。それは智の胸にも刻まれている(第1章参照)。

佳子が当時を語る。

「あの夜、指点字通訳をしたことは、手話通訳との出会いが大きいけれど、それだけではないと思います。兄の死から福島君にあうまで二年近くの間、私あまり記憶がないんです」

それほど、兄の死は衝撃だった。

兄が亡くなったのは、七九年一一月二八日。兄の二六歳の誕生日だった。生まれた日をなぜ、人生最期の日に選んだのか。

「『それは生命の否定』。私への強烈なメッセージだと思いました。だからこそ、私は絶対に親より先には死ねない、生きなければならない、と思いました」

一方で、兄の自殺による喪失感と無力感。それまでは見えなくても頑張ればできると、大学受験もし、手話通訳もして……とやってきたけれど、一番近い家族が亡くなっても、確認するすべもない現実をどう乗り越えるのか。

「兄の死後、視覚障害者運動にのめり込んで自分を忙しくしたんですね。そうしなくては兄のようになるのでは……という不安もあって。でも、大学生活は物足りないし、悶々としていました。

そんなとき福島君に出会って、はっきりこの世に、自分が存在している価値を感じる方法、足場をみつけた」

点訳したニュースを読むと、弱々しい彼が生き生きとしてくる。喜ぶと、彼は声が一オクターブ高くなる。伝えるという作業で元気になる人がいるのが、佳子にとっても支えだった。

「見えない私にもできることがあった！　伝えれば、喜んでくれる人がいる、役に立てる。

出だしは、たいそうな恋愛関係ではなく、「サリバンとヘレン・ケラー」の関係で、圧倒的に、私がかってに一方的に、通訳の場を借りて、充足感を感じようとした。最初のころは、それで存在意義を確認していたのかもしれない」

指点字という手段は、確かに、佳子にとって手話よりもインパクトがあった。ひとことひとことをそのまま指に打ち、言葉を彼に刻める。

「私は、彼が目が見えなくても聞こえなくても存在を丸ごと認めた。彼は、それによって無力になった自分の存在を認められた気がした。存在意義がないと思っていた私も、私がやることで生きるエネルギーを感じる人がいる、それが私の生きがいになっていった」

当時の智は声も低くて弱々しかった。これからこの人はどうして行くのかなと感じた。しゃべれたし、指点字を打てば通じて話せたが、先々どうするのだろう、と思っていた。一八歳の青年の多くはそうかもしれない。受験も人生も、これからどうなるのか、とゆれ動いていた。

トムとケティー

智は夏休みで神戸の実家に帰省すると、「どうせぼくなんか、やっぱりだめだ」と自暴自棄な思いをつづった長い手紙を送ってきた。佳子は、ただならぬようすに「そんなことない、帰ってくれれば支えてくれる人がたくさん待っている」と返事を出した。そして、「当然、通訳を求めていいのだ」と伝えた。周りが訳さないのが悪いのだ。「情報が伝わっていないのは、周りの人間がその責務を果たしていないことなんだから」

要求していいんだ。そう思ったとたん牢屋の窓枠がブワッと広がり、壁がきえた。智に元気と自信がわいてきた。佳子の存在はエネルギーになり支えとなった。

当時、智のあだ名は「トム」。「智」を「トモ」とも読むことから、友人たちは「トム」「トモ」と呼んだ。

この夏、智は佳子への手紙で「ケティーさん」とあだ名をつけた。読み終えたドイツの小説「アルト・ハイデルベルク」で、主人公の王子と恋に落ちる女性の名だ。「ケティーさま」「トムさま」の手紙がゆきかった。

九月、智が母に送られて寄宿舎にもどると、部屋に佳子がいた。

「どこ、行ってたんや」

関西弁のおどけた彼女の指先から、「待ってたのよ」という思いが伝わってきた。一〇月、智は「ケティーさん」ではなく、「ケティー」と呼びかけていた。周囲の大人たちも、二人がぐっと親しくなったのに気づいていった。

ともに歩む会

一九八一年一一月三〇日、筑波大学附属盲学校の会議室に、井田道子、植村信也、福島智、三浦佳子、吉岡晶子、小島純郎、塩谷治の七人が集まり、智の大学受験と大学生活を支援する組織について話し合い、「視聴覚二重障害者の高等教育を支援する会」の発足を決める。その後、カンパ活動をするのにわかりやすく親しみやすいように「福島智君とともに歩む会」と名前をかえ、盲ろう者支援の中核になっていく。

代表は、千葉大学教授の小島。当時障害者の受け入れに積極的だった和光大学の非常勤講師をつとめ、障害学生と出会い、自らも千葉大学に手話セミナー、点字セミナーを開くなど障害者支援に熱心なことで知られ、障害者の各団体からも信頼されていた。

小島は、ただ名前だけの代表ではなく、寄宿舎を出たあとの智の下宿探しや援助団体を広げカンパを募ることなど、東奔西走した。もっとも大変だった下宿探しでは、数十件の不動産屋や家主をまわり、頭をさげ、やっとの思いで小島自身が探し出してくるなど親身に支えた。

事務局長は、担任の塩谷。活動は、智の大学生活の支援が第一だが、盲ろう者の生活実態はまだだれも知らないので、盲ろう者問題に対する一般的研究やコミュニケーション手段の研究と開発、ボランティアの養成、受験交渉の援助などとし、毎月定例会を開いた。佳子は通訳担当になった。

母のような存在だった小島

小島は目と耳が片方ずつ不自由だった。

智が「片目、片耳では大変でしょう」というと「あなたからみると、屁みたいなものですよ」といった。

智にとっては、「どこか母親のような存在」だった。無条件の愛情をそそがれたように感じた。

初めて会った日を忘れない。一九八一年四月二一日。塩谷からきいて学校に訪ねてきてくれた。小島は直接、ゆっくりと指点字を打ち一時間半近く話をきいてくれた。

「初対面なのに、僕は、これからどうすればいいのか、大学に入れるのか、卒業しても仕事は……と不安や弱音を率直に話せたんですよね。恩人でも担任の塩谷先生は父親のようで、どうしても弱音ははけなかったんです。小島先生は、少しぎこちなく、でも

指点字による通訳で講演を聴く智．左は通訳者の三浦佳子さん，右は小島純郎さん．（全国盲ろう者協会提供）

力強い指点字で、「いっしょに考えていきましょう。ゆっくりやっていきましょう」と。別れ際、ものすごく強い力で私の手をにぎって何度も何度もゆすってくださった。どんな言葉よりも私には大きな励ましでしたね」

その日のことを、小島は「顔色は青白く弱々しく、失聴のショック醒めやらぬ打ちひしがれた様子。（略）どう励ましてよいのか皆目見当がつきませんでした」と書き残している。

小島は鞄のなかに、「包丁とまな板」をもっていて、智の下宿で何度も魚をさばいてごちそうしてくれた。佳子は小島に魚の下ろし方を教わった。当時上京していっしょに暮らしていた母令子は、包丁がよく研がれているのに感心した。

最初から、指点字通訳者を無償ボランティアではなく、少額でも有償のボランティアにするよう提案したのも小島だ。

「その方が、福島君の気持ちが楽になるだろうし、安定して人を集めやすいでしょう」

といった。

福島はいま「無償の純粋なボランティアは美しいけれど、実はそれはうける側にとっては、ある意味でしんどい。いつもありがとう、といわなければならないし、時に暑苦しくなることもある。小島先生は、私をいつもガードしてくれた」と感謝する。

盲ろうの人はたくさんいるのに、なぜ、智一人を、エリートを支援するのか、という批判が何度もあった。直接間接の声が、智にはこたえた。小島はいった。

「まったく、気にする必要はない。今は目の前の福島君が大学へ行きたいというのを支えるのがいちばん大切です」

結果的に、この戦略はあたった。

福島が壁を突破していくにしたがい、盲ろう者に光があたり、当時はまったくなかった盲ろう者への福祉施策も進んだ。「歩む会」は、九一年には社会福祉法人「全国盲ろう者協会」に発展し、小島は初代の理事長もひきうけた。

小島はその後パーキンソン病にかかり、〇四年一〇月、亡くなる。福島は、最後に見舞ったときに、恩師が心身ともに極限に近いつらさのなかで、協会の将来や夢を語ったのが忘れられない。

「盲ろう者の、憩いの家ともいえるような……」。小島の言葉を福島が「安心できる、楽しい場所。憩いの家ともいえるようなセンター」とひきとった。「ええ。……がほしいですねえ」

その夢を、福島は何としても実現したいと思いつづけている。


小島はなぜ、こんなに親身になってくれたのか。

福島にも実はよくわからない。少年時代、父との精神的な軋轢からかつらい思いをしたと聞いたのが記憶に残る。八歳のとき江ノ島でおぼれて死の縁をのぞいたことも関係したのか。独文学の専門は、ヘルダーリンだった。

実況放送のように

佳子は会で、通訳担当になった。当初、通訳は「特別親しい彼女だからできる」と思われがちだったが、①話し手を明示し②直接話法で伝える、など原則を伝え、だれでもできるのだと説明し、できる人を増やしていった。

なぜ、最初に三浦佳子が指点字通訳を試みたのか。塩谷は即答した。

「彼女が見えなかったからだと思いますね。盲ろうの福島の身になって考えられる。障害をもち、日々悩み苦しんでいる人の方が、見えなくて聞こえない状態を想像しようという気持ちをもっている。特に彼女は深く考える人だったですから」

見えること、見えないことは指点字通訳にどんな意味があるのか。

「いちばん大切なのは、どれだけ見えず聞こえない人の気持ちがわかるかですね。まず、見えない人は点字を打つのが早く、要領を得ているので指点字が正確。情報を、見えない人の立場で取捨選択するので、状況通訳も優秀。ただし、音のない、目だけで感知できる情報の通訳はできない。一方見える人は、見える情報の方にこだわってしまいがちで、その多い情報のなかから取捨選択して状況を説明するのは難しい」

塩谷は言葉を選びながらこういった。

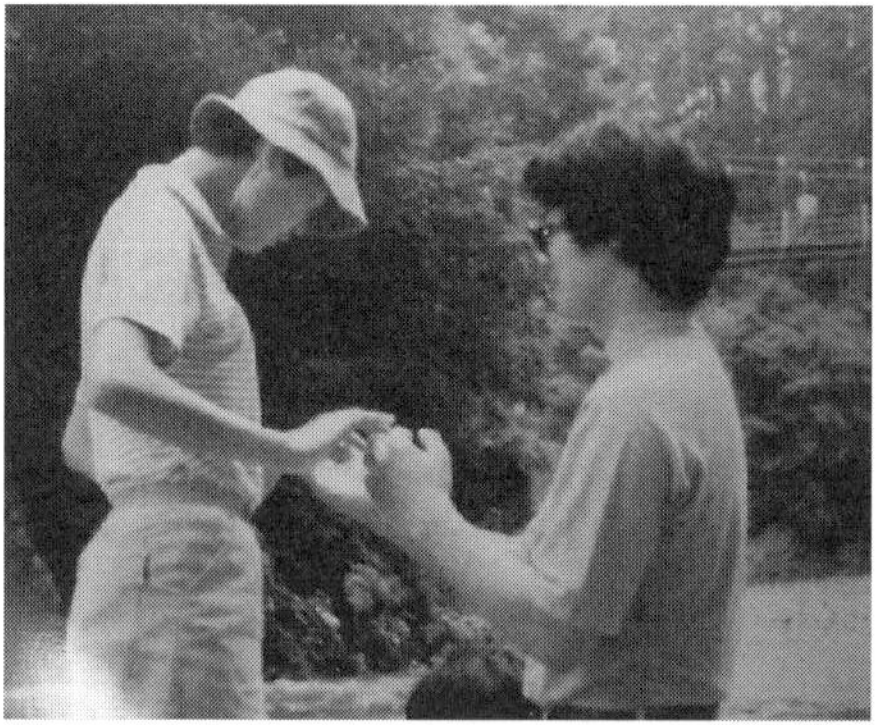

1982年夏，盲学校の友人らと出かけた旅行で．全盲の同級生の女性(左)が指点字で智に話しかけている．

翌年の夏には河口湖で合宿して、通訳のあり方や技術を話し合った。

智は、たとえば大勢の人の前で話すときだと、会場の聴衆の表情や反応、机の配置など、伝えるべき要素やこうしてほしいという希望を徹底的に伝え、通訳をいっしょに育てていった。

できるだけ早く正確に、たくさん打てるように、略字も決めた。たとえば、「ありがとう」は、次に来るのが略字だとわかるような前置記号を打ったあとに「あ」、「考え」るは「か」、塩谷の口癖の「要するに」は「よ」……と一八〇を超えた。

佳子は、合宿に野球のゲームのおもちゃを持ち込んで参加者にゲームをさせ、そのようすを智にわかるように指点字で通訳する課題を出して、みんなで練習した。

こうしたことを重ねて、通訳はラジオの実況中継のようにゲームを伝え、周囲のようすも伝えられるようになっていった。通訳がいれば、指点字のできない人でもだれとでも自由に話せる。コミュニケーション革命だった。一定のルールにそって、安定してコミュニケーションの支援がうけられる方向がみえ、智は少しずつ安定していった。

三年で受けた共通一次試験は、志望大学を突破できる可能性のある成績だったが、盲ろうの福島に二次試験を受けさせてくれる大学はなかった。

一年浪人して、予備校で授業を受ける実験的な試みを続け、支援する会の基盤もしっかりさせてから、大学側と二次試験受験の交渉をめざすことになった。

予備校は、東京・高田馬場の一橋学院。五年前、三浦佳子が通ったところだ。通訳がつけば受講してよい、とうけ入れてくれた。

八二年四月から週に三日、数学、古文、英語を一コマ九〇分ずつ受けた。盲学校の授業と同じようにブリスタ(ドイツ製の速記用の点字タイプライター)を使い、指点字通訳が交代でついた。

眼球破裂の事故

八二年六月二三日の昼下がり、智とケティーが予備校からのいつもの帰り道を歩いていた。

「突然、何かがぶつかってきたっ」と思ったが、実際は止まっていたトラックのバックミラーに二人が突きあたったらしい。ケティーが倒れ込むように智の胸をひっかいた。

「め　を　ぶ　つ　け　た」

彼女が智の指に打った、出だしの「眼を」が読みとれない。

彼女は指先で、どなるようにいった。

「摘出しなきゃいけない」

智の胸におしつけた顔から血があふれ出て、シャツがグッショリとぬれている。

大変なことになった、と智は初めて気づく。

眼球が破裂したんだ！

「救急車でいっしょに、文京区目白台の東大分院へ行ってほしい。この病院は附属盲学校の隣の病院」

佳子は、病院の処置室へ自分が入ると智が放置されるので、附属盲学校の隣の東大病院分院がいいと、とっさに判断したのだ。眼球が破裂する極限状況のなかで、まず智の「沈黙」の恐怖を心配し、通訳の手配まで考えていた。

近所のラーメン屋のおばさんがタオルを手に飛んできて眼にあててくれた。救急車がきた。隊員が応急処置でガーゼをとりかえると、ケティーがつんざくような叫び声をあげた。聴力一二〇〜一三〇デシベルで、通常の環境ではまったく何も聞こえないはずの智の耳に、その悲鳴がかすかに届いた。

担架で運ばれる彼女の横を、智は中腰になりながらついて歩いた。救急車に乗った。ケティーは血だらけの手で、智の手にふれ続けた。病院に着いてからも、診察室に入るまで、智の指に話しかけた。

事故で痛感したことを、智は歩む会の会報にくわしく書いた。なかに「……僕たちは救急車に乗っても話し続けていた。手を触れ合うこと。それがどれほど大きな意味を持つかについて、僕はこの時ほど痛感したことはなかった。手を触れ合うことで、ケティーが、そして僕がどんなに安心できたことか。事実、救急車の中で、二人は冗談さえ口にしていたのだから(略)」とつづっている。

福島は、あの日のケティーの指先をいまも思い出す。

「『眼をぶつけた』と彼女が私の指に打ったときの、折れ曲がったクギが打つような、激しくてぎこちないタッチをいまも覚えています。私の胸に顔をおしつけていたので、私の服は血だらけだった」

智は気が動転していたが、ケティーは冷静だった。小学校六年生のとき、音楽の時間にピアノに右眼をぶつけ、摘出した。あの日と、同じことがおきたとわかった。命には別条ない。兄が焼身自殺したとき、これ以上の衝撃は自分の人生にはおこらないと思っていたので、どこか冷静なところがあった。

「いろんな意味で衝撃的だった。ケティーの強さが。私への愛情なのか、通訳者の使命感か、聖書的な、信仰者が示す自己犠牲の逸話のようで」と福島。

コルベ神父や、三浦綾子の小説『塩狩峠』の主人公を思い出した。

「人のためにいつでも死ねる……という、命がけのコミュニケーションのようなものに、尊敬と畏怖を感じながら、一方で、『自分はそこまでしてもらうほどの人間じゃないんじゃないか』というずれも感じた」

そこまで通訳者には、求められない。

でも、別の場面ならあるかもしれない。亡くなる直前まで、戦場でカメラを向け続ける報道カメラマンなど、極限状況でも消えない使命感が。だが、大半の人はまったく逆で、情報提供すらめんどくさがるのに……。

逆に、気持ちが重くなった。

「これほどまでに、これほどの気持ちでいたのか、と。私のずるい部分、冷静な部分では「しんどい」という思いもあった。愛情はもちろんあったが、どこまで純粋な愛情だったか。通訳してくれるからうれしいという打算、ずるさがなかったか、というとうそになるかもしれない。

私自身、こんなことはとてもできない。そう考えると個人的なつながり、コミュニケーションの次元をこえて、彼女は特殊な存在だと思いますね。もともと珍しい一〇万人に一人という希有な人だと思う。そういう資質を持った人が、たまたま、私のそばで生きて下さったので力が発揮できたのだと思います」

ケティーは眼の摘出手術をうけて一週間入院した。一カ月自宅で静養して、通訳・介助にもどった。

「沈黙は拷問」

下宿探しは、小島会長が中心になって東奔西走した。障害が一つあるだけでも難しいのに、まして、盲ろうの重複障害に壁は厚かった。結局、豊島区東長崎に、六畳と三畳のアパートが見つかった。家主の親族に視覚障害者がいたことで、ようやく理解してくれた。

学校の寄宿舎を出る智の不安は強く、二四時間、常にだれかがそばにいる体制を望んだ。下宿も同居人がいなくては難しい。結局、盲学校の同級生と佳子の友人の男性二人が同居することになった。

予備校に通う以外の時間をだれがどう支えるか。同居人にはそれぞれの生活がある。佳子は、智の不安を察し、自分の時間を彼の時間に重ねて、極力、一緒にいるようにした。

智は、沈黙をゆるさなかった。「とにかくしゃべってほしい」。きょうのニュース、受験、家族のこと、これからの人生……。流しで食器を洗う以外のほとんど、指を重ねて話していた。

「沈黙もコミュニケーションのひとつだけれど、彼はそれをゆるさない。何かしゃべれ、と。「沈黙は拷問」だといって」

それほど、盲ろうになった初期の智は、だれかと話していないと不安だった。

浪人時代の後半は、さまざまな問題が重なり、母の令子が上京してともに暮らし、支えた。部屋がせまく、令子は夜、おしいれで眠った。

お風呂がなく、銭湯に通った。

都立大学が受験を許可してくれ、支援組織も整い、カンパもすすむ。

絶対に合格しなくてはならない、という重圧もあり、過酷な一年だった。

塩谷によると、受験の交渉は附属盲学校の進路指導部が中心ですすめた。高校での授業のようすを撮影したビデオを持参し、入学後の授業や日常生活の支援は「歩む会」で責任をもつこと、授業には指点字通訳・介助者が同席することなどを説明した。

都立大には二年先輩の村田拓司が全盲初の学生として入学していたので、視覚障害のある学生への支援を始めていた。構内には点字ブロックが敷かれ、図書室の「視覚障害者閲覧室」には点字図書や点字タイプライターもあった。

教科書の点訳や対面朗読も大学の責任で進めるなど、国内のどの大学よりも進んだ支援をしていた。大学側は教科書などについて村田と同程度を保障してくれた。ありがたかった。

塩谷は、智が体育でトランポリンをしているようすなど、授業のビデオを見せたときの大学関係者の反応が忘れられない。

「五、六人の先生が熱心にのぞきこむようにして、「な〜んだ、普通に動いているじゃないか」ってびっくりして。それまでは「怪物」でも受け入れるような感覚だったのかもしれませんねぇ」

附属盲学校の教師たちが撮っておいたビデオが交渉の大きな「武器」になった。

盲ろう初の大学生

八三年春、智は都立大学に入学する。盲ろう者の大学入学は初めてだ。受験前から取材の申し込みがあり、入学式にはマスコミが殺到した。佳子が通訳・介助者として同行し、取材の通訳もした。そのころの写真がある。長い髪の佳子が、色白できゃしゃな智に寄り添っている。

智は体調をくずし、合格を入院先の病院で知る。その年の六月、残る左眼も摘出した。大学の授業は、「歩む会」のメンバーが中心になって支えたが、入学式までに、大学の有志への点字・指点字の講習会も開き、支える仲間を増やしていった。

障害者と接したことのない学生がほとんどだったが、指点字のおもしろさにはまって、めきめきと腕をあげ、授業から飲み会まで、議論をする友人たちもできた。五月には「福島君をとりまく会」も生まれた。

ケティーは、智の通訳に時間を費やし、大学四年で卒業できなかった。智の浪人時代は留年して五年生に。「自分の将来も不安だったけれど、彼を振り払って大学には行けなかった」。智の大学一、二年生の間は、父に内証で和光大学を二年休学して通訳・介助にほぼ専念した。丸二年、他の通訳と交代しながら智の隣で授業を受けた。

都立大学はいい大学だった。

智を一学生として特別扱いせずに、配慮と理解があった。特に、図書室にある「視覚障害者閲覧室」はありがたかった。いろんな分野の辞書・辞典などの点字図書や、点字タイプライターもあり、ここなら智もしばらく一人でいられた。

授業もおもしろかった。

「印象深いのは茂木俊彦先生。教育心理学の講義や障害児教育のゼミは、通訳していても気持ち良くできた。それで私も大学へ戻ろうかなと思った」

ほかにも山住正己の教育史などアカデミックな授業だった。ケティーは和光大学に復学して教育心理の授業をとり、卒論は「指点字通訳におけるコミュニケーション技術」をまとめた。点字の歴史から指点字のしくみを書き、通訳は会話半分、場面の説明が半分であり、コミュニケーションは、会話だけではなく状況説明などの非言語的コミュニケーションが大切だとしめくくった。休学中には智たち七人の盲ろう者を訪ねたレポートを雑誌『視覚障害』(当時)に紹介し、のちに「歩む会」の初の本『ゆびで聴く』におさめた。

復学してからも、智の通訳に週に一、二回都立大学へ通ったが、以前よりぐっと減った。

二人の将来のために、まず自分が働いて自立しようと考えた。智を支える通訳介助者もふえ、智は大学院へ進学した。八七年四月、ケティーは静岡県の病院でソーシャルワーカーの職をえた。試験問題が点字なのがうれしかった。嘱託だったが、週の前半は静岡で同期の女性とアパートを借りてくらし、後半は東京へ帰って週末は智と過ごした。

三〇歳を目前に、あこがれた国語の教師はあきらめ、まず安定した職を求めた。智がのちに東大教授になるなどとは夢にも思わない。仕事も暮らしも何のめどもたたないなかで、まず経済的な自立をめざした。

半年後、安定した正規職員の仕事を探すために退職し、東京へもどった。だが物理的な距離が離れ、会う時間が少なくなるにつれて智の心が離れていったのがケティーにはわかった。電話交換手の訓練を三カ月うけて、八八年二月一日、都の心身障害者福祉センターに就職できた。ほっとした。だが別れは、思わぬ形でやってきた。

じゃあね

八八年二月二日、療養中だった智の父が亡くなった。大黒柱だった父は八六年七月、くも膜下出血で倒れ、意識がないまま、一年八カ月を付き添う妻とともに生きた。かけつける福島に、ケティーが同行した。

寒い日だった。

智は、神戸の自宅でケティーが父の遺体に話しかけ、そのほおにふれて祈ってくれたのを覚えている。

ケティーはそのとき、智との別れを心にきめ、父親にも「申しわけないですけれど、これでさようならです」と報告していた。だが、智は想像もしていなかった。

翌日、母の令子と智が新幹線の西明石駅までケティーを送った。列車に乗り込んだケティーが、「じゃあね」とホームにいる智の指に打ったのが、最後だった。

ドアをしめるアナウンスが流れ、ケティーが手をはなすと扉が閉まった。

「そこで私たちの時間も閉じられた」。これでもう会うことはないだろうなと思った。

「私は就職したばかりで、これ以上あなたのために、私の時間をすべて重ねることはできないと思った。もうすぐ三〇歳というときに、これ以上できないな、と。お葬式には出ないで帰ることは自分で決めました」

その前からずっと、結論を出さなくてはと思っていた。でも、気力がなかった。

「彼のお父さまがその機会をつくってくれた気がしましたね。私が自然に彼から離れていけるように、そのきっかけを……。すごーく、静か〜な感じですね。命がそこで途絶えたのと同じように、私たちの関係も命を終えていくような。とても透明な、透き通るような寒い日でした」

七日後、ケティーは三〇歳になった。七年の時が流れていた。

智は、父親の死で動揺し、彼女の気持ちに気づかなかった。

東京にもどった智から「来ないの?」と通訳を介した電話があった。「もう会わない方がいいと思う」と答えた。会うと心が揺らぎそうな気がした。

会わないということはしゃべらないこと。

「私の命は死んだということ。私のコミュニケーションのスイッチは、全部切りたいと宣言した」と振り返る。

智には、どこかホッとした気持ちもあった。

再会

出会ったころ崖っぷちにいた福島は、〇八年一〇月東京大学の教授になった。

ケティーは三〇代前半で山の会で知り合った人と結婚して甲賀《こうが》佳子《けいこ》になり、高二から小学校三年までの三女一男の母である。いま東京・高田馬場の日本点字図書館に勤めている。〇八年は五〇歳になった節目の年、区切りとして福島に会っておきたいと思った。

「指点字通訳発見の美談ではなく、事実を伝えたかった」と、長時間のインタビューにも快く応じてくれた。確認するためにも二人と私の三人で会うのはどうか、と甲賀の提案で、それぞれのインタビューとは別に、この年の末、三人で会った。甲賀は、福島の通訳をしながら、自分も話した。

奥に福島が座り、その右隣に甲賀。福島の向かいに私がすわった。あの通訳発見の夜と同じ配置だ。

二人で七年間の流れを振り返りながら、福島は何度もいった。

「僕はひどいなあ。基本的にひどい人間なんです」

「はなはだひどいですねえ」

大事故について、福島は思い返す。

「あのとき緊張して便所に行きたくなって、ちょっと行ってきていい？ってきいたら、「いやっ、そばにいてっ！」ていわれましたよね。ひどいなあ、僕は。自分のことばっかりで……。

はっきりしないで、自分から別れはいわない。結婚しないの？と彼女にきかれると、いまはまだその時期ではないといったりして。彼女の大人の対応に甘えたところがある。私のずるいところで。けじめをつけなかった。

盲ろうになって初期の一、二年、沈黙に対する抵抗力が弱かった、そんな最も苦しいときに支え、生きる土台をつくってくれた。

まず存在への肯定。コミュニケーションしようと思えばできるという安心感。無条件の肯定、承認は重要です。理念だけではやっていけない。支援の実践があれば、盲ろうの孤立や苦悩が理解され、共感されているとわかる。必要なときは支えられる安心がある。食事をしたいと思えばいつでも食べられるという安心感があれば、腹が減っても不安じゃない。

状況がゆるせば、私の思いが尊重されることがわかって、落ち着いたということです。それがあるかないかが、いちばん決定的ですよね。

盲ろうになって比較的早く、八一年七月に、通訳が始まったのが大きな飛躍です。落ち着いたのは二、三年たってからですね。

浪人時代は不安だった。大学に入学した直後に眼の調子が悪くなって摘出したのも、精神的ストレスで眼球の圧力が非常に上がったためです」

福島にとって、ケティーはどんな存在だろうか。

「何を言っても、不遜な感じがするけれど……。救世主ですね。

恋愛も。彼女に無条件に承認されることで生きるエネルギーになった。そのエネルギーは抽象的ではなく、コミュニケーションがあってのこと。通訳の実践を支えてつくっていく。その後の私の人生の土台を、舟底をつくってくれた人です。稀有な人」

一方、佳子にとっては、福島は「人生で最も影響をうけた人」だ。大学を四年で卒業するところを、五年間のびて遠回りした。二三歳から三〇歳の大切な時期にともに過ごし、それは濃密な時間だった。

「私の本質や人間性を、最も理解しているのは福島さんだと思う。私が何に価値を置いているのかも。

彼の孤独をいちばん理解しているのは、もちろん(妻の)光成さんだろうし、お母さまだと思う。私は……三番目でありたい」

福島は博士論文執筆のために、指点字通訳発見について甲賀に〇三年と〇六年に計二度取材している。論文では「M」と仮名で書き、個人的なことにはまったくふれていない。

この日、甲賀は、指点字通訳への思いを福島に率直に伝えた。

「指点字は、私の体験からすると、皮膚接触によるコミュニケーションの豊かさがあるけれど、一歩間違うと公私がふたしかになる落とし穴がある」

手話通訳の内容は、手話ができる人が見れば何を通訳しているかわかるけれど、指点字通訳は、よほどでないと見てもわからない。

「両方の手と指を重ねる接触度、二人の位置関係や距離感がプライベートな領域に入っていて、普通の人なら互いに踏み込まない距離まで近づいている。一歩間違うと落とし穴があるけれど、それを了解の上で通訳している。そのことはだれもいっていないし、いいにくい、ふれられたくない部分でもあると思う。そこを福島さんがいちばん、自覚していかなければならないと思う。

二人のことは「タブー」で、聴いてくれる人はいなかったんですよ。私たちは何だったのか。恋愛だったのか。私にとって今年は五〇歳になった節目の年なので、聴いてもらえてよかった」

甲賀は、何かが解きはなたれたような、明るい声で私にそういった。

二人の出会いと別れには、佳子の兄の焼身自殺、福島の父の死が深くかかわっている。そして、さかのぼれば担任の塩谷教諭の、沖縄で不発弾によって光を失った同級生の自殺も……。いのちが生まれ、最期をむかえる。人々の葛藤や喜びのなかで指点字通訳は生まれ、育ち、いまふたりがここにいるように思えた。

別れ際、福島がエレベータの前で甲賀に尋ねた。

「お嬢さんは、何年生？」

「高二。受験で日本史をとろうと決めたけど、全然だめだって」

「そんなん、歴史は漫画でやるといいですよぉ」

甲賀の長女のいまの年ごろで、福島は残された左耳の聴力を失っていった。同じ高校二年生の三学期。あれから二八年。時の流れをふたりはしみじみと思った。

7 結婚——夫婦げんかに指点字通訳

ヘレン・ケラーは三六歳のとき恋におち、人生でただ一度、駆け落ちを約束した。相手は一〇歳年下のピーター・フェイガン。元新聞記者でヘレンの秘書だった。だが「三重苦の聖女」と呼ばれた彼女は周囲に反対され、連絡もうまくとれず果たせなかった。

のちにヘレンは著書『わたしの生涯』のなかで〈短命に終わった恋は、暗い海に浮かんだ歓喜の小島として私の生涯にいつまでも残るでしょう〉と書き残している。

ヘレンは二〇代のころ、人生の師でもあるグラハム・ベルに、結婚も考えてはどうかといわれたことがある。彼女は心動かされながら「愛なんて手を触れることを許されない花」とこたえ、「そんな大きな冒険」に入る気はないと否定していた。ピーターとの恋は、ヘレンが初めてサリバンや周囲の意に反して自らを貫こうとしたできごとだった。

ピーターの三女で弁護士のアン・フェイガン・ジンジャーは私の取材に「ふたりは社会主義者として心情的にも結ばれていた。当時反政府行動で拘束された人の支援もした。

こんな勇気はない」と教えてくれた。

波瀾万丈の人生のなかで、彼女は見せ物小屋にも出た。戦争に断固反対し、公民権運動に参加。各国を訪ねて障害者の人権を訴え、日本の身体障害者福祉法(四九年)の制定にも尽力した。生きる日々そのものが冒険だった……。それでも、「決行日」まで決めた駆け落ちは果たせなかった。

同じ「盲ろう」の福島は「今なら、ヘレンもメールを使って、恋を実らせたのではないか」と言う。

連絡もとれただろうし、ホームページで恋を公にして、支援の輪を広げてしまえば周囲は反対しにくくなるかもしれない、というのだ。なるほど。米国の盲ろうの女性から、「インターネットで知り合った彼と実際につきあってるのよ」と、直接、英語の指点字で聞いたことのある福島にとって、それは夢物語ではないのだ。

福島は九五年四月二九日、光成沢美《みつなりさわみ》と結婚した。七歳下の光成は、福島が埼玉県所沢市にある国立身体障害者リハビリテーションセンター学院という専門学校で非常勤講師をしていたときの教え子で、手話・指点字通訳者。指先を通して語り、考え、笑いころげ、よく食べた。

福島は「日に干した毛布のような」彼女の暖かさにひかれ、光成は福島を「人生の羅針盤」と感じた。

二人で日本海に沈む夕日を前にたたずんだある日。福島は、光成の「す　い　こ　ま　れ　そ　う」という感嘆を指で聴き、漆黒のまぶたに、落日の雄大な輝きを感じて詠んだ。

〈「すいこまれそう」　指で語る君　能登の夕焼け〉

ふくちゃん

光成は、福島に初めて会った日のことをはっきりと覚えている。

一九九三年五月の連休後の昼下がり。教室の後ろから、ぺたぺたと足音がした。光成はその春広島大学を卒業し、手話を勉強するためにリハビリテーション学院の手話通訳専門職員養成課程に入ったばかりだった。

色白の丸顔の男性が、三〇代ぐらいの女性にひっぱられるようにして教室に入ってきた。右手に白い杖をもち、左手で女性の右ひじのあたりをつかみ、一歩半先をゆく女性に少しひっぱられるように手をひかれている。右肩にかけたバッグはずり落ちそうで、首は左に傾いている。ぺたぺたと内股で教壇にたどり着いた。

教官が、「福島智先生です」と紹介した。重複障害の講義を一〇回担当するという。

「はい、フクシマサトシです。モウロウです」

自己紹介する声は、機械音のようだが、大きくはっきりしていた。手をひいていた女性が指点字通訳者で、その指点字通訳のしくみも説明してくれた。

福島は、九年ごとに何かがおきる自分の人生を語って、笑わせた。

「僕は、九歳で目が見えなくなって、一八歳で失聴して全盲ろうになりました。九年ごとにいろんなことがおきて、二七歳で何がおきるのかなあと思ったら、ビールを飲み過ぎて腹が出てきましたあ……」

一五人の学生たちは、福島のユーモアと明るさに引き込まれた。光成も「えーっ、この人は何だろう。この人の世界を見てみたい」と興味をもった。

福島は三〇歳。非常勤講師を掛けもちしていたが、まだ定職はなかった。光成はその春大学を卒業したばかりの二三歳だった。

初夏のある日、福島が教壇でジャンパーをぬぐと、その下に着ていたのはパジャマだった。朝、急いでいて服を間違えたらしい。

「えっ、ああ、パジャマかあ。でも、裸じゃないからまあいいでしょう」

かざらず、ユーモアあふれる福島を、学生たちは「ふくちゃん」と呼ぶようになった。

授業では盲ろう者の疑似体験もし、よくディスカッションをした。点字で手紙を書く宿題もでた。光成は、コツコツと点字を打ち続け、手紙を送った。

ときには、福島からこんな返事がきた。

「いま外は雨が降っています。きみは何をしていますか、とラブレターをまねてみました……」

光成はドキドキしながら、福島は遊び半分なのかなあ、とも思った。

七月末、授業が終わって飲み会が開かれた、所沢の居酒屋で福島がいった。

「できれば君とは、授業が終わっても、文通を続けたいと思うけれど、どうですか」

光成は驚き戸惑ったけれど「これは恋愛じゃない。彼は盲ろう者だし、勉強になる」と自分に言い聞かせて文通を続けた。

点字の文通は、電話のようなおしゃべりだった。光成は、勉強や福祉について、これからどう生きていくか、就職や結婚、人生の相談もした。福島は仕事のことや本の感想、冗談から哲学的なことまでこたえた。やがて、光成にとって、彼は特別な人になっていった。

その年の秋、光成は友人に福島の話ばかりをしていて、いわれた。

「その人のこと、好きなの?」

自分の気持ちに、はっとした。

フランクルの「愛」について

福島からの手紙は、光成の宝物になった。いまも大切にとっている。その束を見せてもらった。点字の下に、光成が小さくかなをふっている。光成がとくに福島らしくて好きな手紙は、心理学者フランクルについてのものだ。アウシュビッツで生き残った人だ。

〈ヴィクトール・フランクルの『死と愛』。その中に恋愛、ないしは愛に関する三段階の記述があって、心を打たれた。

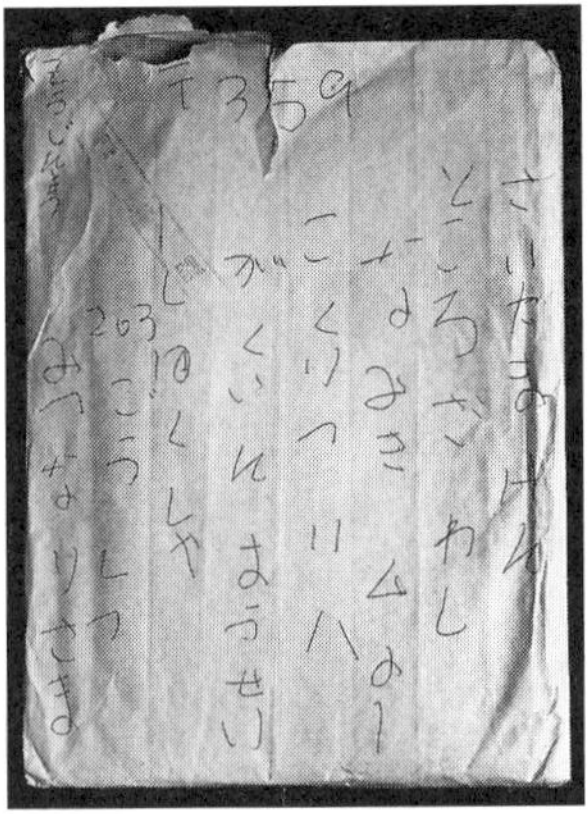

福島から光成へ送られた手紙の封筒．福島は手書きのひらがなに思いを込めた．

　第一段階の愛は、相手の外見的特徴、つまり美人であるとか、ハンサムであるとか、そういった外見的特徴に由来するもの。

　第二段階の愛は、相手の性格や性質に由来するもの。つまり、優しさや頼もしさ、りりしさやゆるぎない正義感など。しかし、この段階の愛は「かけがえのある」愛。

第三段階は文字通り「かけがえのない愛」。つまり、相手の外見ではなく、相手の「存在自体」に意味をおき、相手と共にあることにすべての価値を見いだす段階。

おそらく三つ目の段階が真実の恋愛と言えるだろう。

「優しいから好き」などは論外だ。「あの人だから」、「あいつだから」、好きなのであって、それはかけがえがないし、他と比較することも、少なくとも客観的にはできない。〉

光成はある時期、福島が海外出張に出かけたのを機に二週間ほど手紙を出さなかった。福島は帰国後、「大きなバケツいっぱいの郵便物をひっくりかえして、君からの手紙を探した」といった。

「ひとつの賭けをしたんです。本気で思ってくれているのかどうか。彼が何とも思わなければ終わりにしようと。押してもダメなら引いてみな、かなあ」。光成が振り返る。


これがプロポーズ?


デートはいつも、居酒屋か飲み屋、もしくはすし屋。つまり食べるところだ。

授業が終わって個人的に会うようになって三度目の夜、福島が東京・学芸大学駅近くの焼き鳥屋で切り出した。いつものように「まずビール」のあと、焼酎のお湯割りを二杯ほど飲んでいた。

「僕は君と結婚したいと思うけど、君はどう思うかね？」

「……！」

唐突なことに、光成の驚きが声にならないでいると、

「君も結婚したいと思うなら結婚しよう。したくないなら、去れ」

去れ？　これがプロポーズ？　いまも光成は思い出すと笑ってしまう。

「焼き鳥屋さんですよ。サラリーマン風のおじさんが焼酎のお湯割りで何か議論してたり、女性たちがキャハハハ笑ってたり。確か頼んだのは、いつもの冷ややっこだし。まったくムードがない。えっ、これってプロポーズ？　わけがわかんないまま、気がつくと、結婚しようということになったんですよねえ」

それはふしぎなような、とても自然ななりゆきだった。

だが、すんなり結婚できた訳ではない。

福島が、当時を思い返して語る。

「差別で特に深刻なのは三つ。部屋を借りること、就職や仕事、そして結婚です。カミさんと結婚するとき、広い意味での心のバリアが光成の家族には当初ありました。相手の男は目も耳も悪い。大学院は出たけれど、仕事は非常勤講師がポツポツあるぐら

いで正規の仕事は決まっていない。光成に、最終的に親の反対があっても一緒になるかどうかの判断は、君がすることだといいました」

光成の家族に、最初は会うのも困るといわれたが、「直接会うのが一番だから」と頼んでなんとか光成の母と兄弟を広島の自宅に訪ねた。話は福島流だった。

「予想される質問(経済や住居、仕事や子どもなど)への答えを準備しておいて、立て板に水のごとくしゃべりまくって、虚実おりまぜつつ……。そして、「私は結婚してくれとお願いしているわけではありません。結婚したいと思っているし、彼女もそう思っています。それだけのことです。彼女がやめるというなら、私には候補は他にいくらでもいますから」といったんです。娘さんだけが頼りではない。いやならやめていいんですよ、と。常識的にはいわないですよね」

これはインパクトがあった。

「賭けです。本来必要のないことをいわざるを得なかったということです。でも、娘さんだけが頼りではないということは重要でしょう。バリアと戦うときに一番しんどいことは、バリアを経験している人がそれを乗り越えるために戦い続けなくてはならないこと。でも努力がなければ世の中かわらないので、しんどいけどやっていかなくてはなぁと。ただ、これは何も、障害者だけではないんですよね」

家族は、福島の人柄を知り、上手に食事をする姿やビールをうまくつぐのに驚き、感心した。

「見えんのに、上手に食べてじゃねえ」

光成は、母がぽつりといった言葉で、ようやくドキドキが止まった、とエッセーに当日のようすをつづっている。

母は自分が遠慮して尋ねないことまで率直に話す福島の話に聴き入り、光成は必死に家族の言葉やようすを福島の指に打った。それを家族も見つめていた。

兄は、「しんどいなと思ったら我慢するな。いつでも戻ってくればいいからな」といってくれた。そして、いつのまにか、話題は式の日取りに。光成は、福島のふしぎな魅力を改めて感じていた。

震災の年、教会で

結婚式は、天理教の小さな教会であげた。兵庫県明石市にある御舟山《みふねやま》教会で、教会といっても木造の民家だ。

仲人は先代の教会長の山崎勉夫妻。山崎はたまたま親戚を見舞った病室で、二歳の福島と母令子に出会って以来、ご縁が続いている。

福島は結婚式などしなくてよいと思ったが、母令子も光成も天理教の信者で、光成は教会での式をのぞんだ。すぐ近くに、福島の父正美のお墓があるのもうれしかった。

教会は、三カ月前の阪神・淡路大震災のために傾き、中もずいぶん被害をうけた。この日のために多くの人たちがエンヤコラ集まって直し、内装もきれいにしてくれたという。それでも間に合わず、部屋の壁土が一部崩れているところがあった。

福島は土を指でなぞりながら、手作りの会場に胸が熱くなった。どんな高級ホテルよりも自分たちにはすばらしい会場だと。たがいの家族だけのあたたかな集いだった。

光成は文金高島田、福島は袴。仲人や家族に囲まれながら、新郎が、新婦の日本髪にふれているなごやかな写真が残っている。

披露宴の最後、福島があいさつのなかで、仲人の山崎夫妻の妻、廣《ひろ》の話をどうしても言わずにいられなかったと自著につづっている。

廣は、七歳のころの高熱が原因で全く耳が聞こえない。それでも当時の女学校に進み、最初は聴講生としてようやく入学が認められたが、卒業時は総代だった。そして一九三九(昭和一四)年に結婚する。

「「今でこそ(略)手話がブームになってもいます。それでも、やはり障害者に対する差別がありますね。まして五十年以上前の日本は、(略)障害者はお国のために役に立たない、ごくつぶし。〝非国民〟として扱われるような風潮の時代でした。そういう中で、結婚されて、そして今日まで連れ添われてきたわけです。多分、この間、今の障害者やその関係者などには想像もつかないようなご苦労をなさってきたと思います。そうしたご夫妻に仲人をしていただき、私たち二人は光栄に思います……」

挨拶を終えて座った私が、横にいる光成の手を探したが、膝の上に手がない。ハンカチで涙を拭いているところだった。聴覚障害者の団体で手話通訳と事務を兼ねた職員をしている彼女にとって、胸に迫るものがあったのだろう。」(『渡辺荘の宇宙人』、素朴社より)

職業は、ヒモです

新居は、渡辺荘という木造アパートだった。当時の話はエッセー『渡辺荘の宇宙人』にもつづられている。大家さんが渡辺さんだった。

福島は都立大学を卒業して大学院に進み、修士、博士課程も九二年には無事終了したが、職場探しに苦労した。

可能性のある仕事は大学の教員・研究者だと考え、東京、埼玉、千葉、神奈川にある大学・短大で、教育、福祉、障害関係の授業を始める可能性のあるところすべてに返信用封筒を同封して送った。理科系の学部や看護学校や音大にまで、二五〇通近くにもなった。履歴書を書き、教授の推薦状もそえて各地の大学の教職に応募したが、全滅。返事が来ればよい方で、大半はそれすらなかった。

結婚したころ、福島が六年後、東京大学助教授に招かれるなんて、だれも想像できなかった。大学や専門学校の非常勤教師や講演・執筆活動をしてはいたが、定期収入はなかった。東京都聴覚障害者連盟に勤めていた光成も暮らしを支えた。

「職業は、ヒモです」なんて、福島がいつものユーモアで語った講演やエッセーもある。

「この「ヒモ」という響きにあこがれていまして……」

このころ、福島は全国盲ろう者協会の理事として、通訳介助制度など新たな仕組みづくりに奔走し、九六年には東京都の助成を初めて獲得した。そしてその年の夏、都立大学助手に採用された。

通訳か奥さんか

数カ月後の九六年末、金沢大学助教授に着任して二人の生活は一変する。

石川県にはすでに盲ろう者友の会はできていたが、東京のように福島にとっての支援体制がなく、授業や講演から生活すべての通訳・介助を光成がひとりで担うことになった。メールが今ほど普及していない当時は、帰宅後も、光成が電話、ファックスの内容などすべてを訳して伝えなければならなかった。疲れ果てて帰ると、自宅のファックスから紙があふれてつながっている。ちょっと一休みと思っても「いま、盲ろう者の生活がかかってるんだぞ」と福島にいわれ、休む間もなく目を通して、通訳した。そんな毎日が続いた。

九七年の一〇月ごろから光成は過労で起きあがれなくなり、気持ちも不安定になっていた。

あわてて通訳者の養成を始め、九八年四月からは二人体制になった。他の通訳者が育つにつれて光成の出る幕が減る。

一方、福島からは「急にその日の朝になって、通訳者が風邪をひくかもしれないから、いつでも出動可能な〝安全弁〟になってほしい」といわれた。これがよくなかった。体は楽になったが、心は不安になった。「社会から自分が求められていないという寂しさからです」と光成が振り返る。

調子の波を繰り返しながらも病院の敷居は高く……。このしんどさの原因は何だろう、と本を読みあさった。そして光成は「共依存」という関係を知った。「これだったんだ！」と思った。

積極的に「自分の時間」を作ろうと、二〇〇〇年には全日制の英語の専門学校に入学した。いざというときには休んで福島の安全弁にもなれるし、勉強もできる。元気を取り戻した。

だが〇一年、福島の東大着任が決まって、専門学校は退学せざるをえず、「私の主体性は認められないのか……」とまた自信を失った。悶々と考える日々が続き、東京に戻って一年ほどたった〇二年三月、心身ともにガクンと落ちた。「周囲が色あせて見えた」。夫に説得されてやっとのことで近所の病院に行くと、初診ですぐ、うつ状態と診断された。何かがおかしい、と感じ始めてから四年以上がすぎていた。

障害のある夫に、妻がつくすのはあたり前。周囲の視線や言葉に傷つきながら、もっと頑張らなくてはとがんじがらめになっていた。

覚悟して「障害者」と結婚したのではない。ただ「福島智」とともに生きたいと願っただけだ。

だが夫は人生そのものが戦いだ。役に立ちたい。でも力が出ない。「いっても意味のないことはいわない」という夫に、愚痴はいいづらい。

福島が東大に着任し支援体制も整った〇三年、うつ症状がなかなか快復しない光成は「役に立てない私は必要ないのでは？」と別れを切り出した。だが、福島はこういって抱きしめた。

「できないならそのままでいい。何かをしてくれるからいいのではなくて、ただ生きて存在しているだけでいい、一緒にいたい……」

福島の涙が光成のほほに流れた。

心がほどけた。役に立つことで存在意義がある、と思いこんでいた自分に気づいた。

優等生

光成は一九六九年八月、広島県福山市に近い芦田町に生まれる。当時父は銀行員、母は家業の撚糸工場を手伝っていた。兼業農家で、米のほか家族が食べる野菜やスイカなども育て、農繁期には両親も夜遅くまで農作業をしていた。兄と弟に挟まれた一人娘。父のあぐらのなかにすっぽりとはまり、両親、特に父の優しさを感じて育った。

中学一年生の夏、その父が肺がんで亡くなった。四四歳だった。「お母さんのいうことをよくきいて、みんなで協力してがんばるんだよ」といった父の別れの言葉がいまも心に残る。お父さんがいないからだめなんだといわれないように、何でも人一倍がんばった。

九歳のとき、祖母が交通事故で亡くなっていた。祖母に続き父までも。

「光成家で死者が続くのは、家族の心構えが悪いからだ、もっと心構えをよく」

祖母や父の信じていた天理教の人たちにいわれた言葉にしたがって、「一生懸命がんばらないと、神様のバチがあたる」と小さな頭で考えていた。

「いつの瞬間も一生懸命な優等生でありつづけた。強くなくては、とにかく、がんばってたんです」

障害児学級の子どもたちに関心をもち、中学では知的障害のあるユミちゃんに出会った。特別な学校に変わらなくてはならないという話がでていた。「なぜ、いっしょじゃだめなんだろう」と思った。

高校では点訳部に入り、広島県立盲学校の生徒会長と点字で文通し、夏休みにはボランティア体験で、車いすにのって街に出てみたりもした。そして障害のある子どもたちの教師になろうと、広島大学学校教育学部の聾学校教員養成課程に入った。

三年生を終えると一年間休学し、日本青年奉仕協会の「一年間ボランティア計画」に参加して上京。都内で統合教育を実践していた保育園を拠点に活動し、屋根裏部屋で暮らした。

卒業後、手話通訳をきわめようと所沢の専門学校に進学し、福島と出会う。

いつも、まっすぐに、自分の進むべき道を考え、生きてきた。きまじめな子だった。役に立たなくては、がんばらなくては、とがんじがらめにしていたのは自分だった。

福島の「生きて存在しているだけでいい」という言葉——昔、専門学校の教師だった福島から生徒の光成に届いた点字の手紙で教わった、フランクルの愛の三段階説を思い出した。光成は七年後に、夫の言葉によってそれを実感した。

姿も見えず、声も知らない。光成のどこに惹かれたのか。なぜ、光成がかけがえのない存在なのか。

福島はいつもは「言葉にできない感情はない」といいきるのに、この問いには、「これだけは説明がつかない。直感としかいいようがないんです」という。

「天から何かが降りてきたというのか、なんというのか」

生糸の会

だが、これでめでたしめでたし、とはいかない。

二〇〇二年一月九日、朝日新聞社会面に、ふたりのことを取り上げた記事が出た。ふたりの微妙な感情や、周囲は家族が介助するのがあたり前と見ていることに傷ついたこと、「透明人間になった気がした」という光成の思いなどが書かれていた。それに共感する手紙がいくつも届いた。整理できない胸のうちをあかした人もいる。だれもが「妻だからといって無償労働をしなくちゃいけないの」という思いは共通だった。

その年の秋、光成は彼女たちと障害のある夫をもつ妻のネットワーク「生糸の会」をつくった。

「本音をいい合えるネットワーク」だ。会員の夫の障害は盲、脳性マヒ、うつ病、聴覚障害、高次脳機能障害……とさまざま。生まれたときからの人もいれば、五〇代で出張先の中国で突然交通事故にあった人もいる。会報やネットで情報交換し、毎年一一月には全国交流会を開いている。

〇三年七月にはエッセー『指先で紡ぐ愛――グチもケンカもトキメキも』(講談社)を

出版。福島との出会いや葛藤、そしてユーモアに満ちたくらしを書き、コミックにもなった。翌年には『徹子の部屋』にもそろって出演し、〇六年三月には、エッセーを原作にテレビドラマ『指先でつむぐ愛』が放送され、究極のカップルとして話題になる。福島を中村梅雀、光成を田中美佐子が演じ、その年のテレビドラマの賞を受賞した。光成は二週間にわたるロケに同行し、指点字通訳の部分を収録したり、自然な動き方を助言したりもした。

苦しかった。ドラマの制作を通して光成はいやおうなく自分を振り返り、さまざまな思いがわきあがり、ふたをしていた思いが爆発した。

中村梅雀は、盲ろう者の体験もして二週間福島になりきった。撮影に同行する光成の姿が梅雀の胸にひびいた。

「まず、二人が歩く姿をみてあまりにピタッと息があっているのに、驚きましたね。最初に出る足まで同じ。そして印象的だったのは、結婚式のシーンの撮影で、光成さんがずっと泣きながら見ていたことです。どれほどの苦悩や思いがあったのかを感じて、この役に命をかけようと思ったんです」

夫婦げんかに指点字通訳

光成は「周期的に爆発」してきた。福島の妻役を、だれか代わって！と叫びたくなる。

これまで夫婦げんかも指点字でやってきた。妻は指点字で夫に不満をぶつける。夫は口で言い返す。しかも口八丁。白を黒といいくるめることだってできる。妻は泣きながら指点字で応戦する。しかしその声は夫には聞こえない。指がもつれる。もつれると福島が読み取れなくなり、互いにイライラして感情的になった。

「ハダ(指)を触れあって話していると、彼の気持ちが私に覆いかぶさってきて、しんどいんです」

とうとう〇六年四月末に家を出て、ひと月ほど別居した。数日おきにようすを見に家に帰ったが、とにかく別に部屋を借りて冷却期間をおくことにした。

そもそも光成の思う「通訳者」とは、「本人と一心同体」だ。本人の代わりに情報を集め状況を説明し、世界を提供する役割だ。それと、妻としての、ときに反撃する「けんか」を、同じ指点字で福島にぶつけるのは、もともと無理なのだ、とわかった。自分の感情を指点字で夫に吐露するのが苦しいのはあたり前なんだとわかった。二人で相談して、五月からは「これぞ」という深い、夫婦の話し合いには、指点字通訳を頼むことにした。

夫婦げんかに通訳！

光成はためしに通訳を頼んでみて、驚いた。ぐっと楽になった。そして自分がいかに抑圧されていたかに気づいた。通訳がいると光成の言葉数がふえ、ひとつの文章が長くなったのに福島も驚いた。これまで、無意識にできるだけ短く言おうとしていたのだ。

憑　依

〇六年一〇月、二人にインタビューを申し込むと、福島に通訳がつく状態の三人で応じてくれた。

――通訳が入ると話せたということは、それまで、逆に話せていなかった?

光成　話していたつもりだったけれど、指点字をしながら話すのは思った以上に負担がかかっていた。つまり、頭の中でまとめてからそれを打っている。しかも伝わりやすいように指に気を使いながら打っているので、思ったままポンポン言えている訳ではないんだなという感じで。彼はそうでなくてもよく話せて、頭の回転が早くて、どこをとったってその面では私よりも優勢なわけですよ。よっぽど彼がそこを気を使って抑えて言ってくれないと、対等ではなかったんだなと思うんです。結局私の方が彼の思いを、いっぱい、いっぱいくんでしまって。自分の考えと彼の考えがごちゃごちゃになっちゃって。何が自分の思いで、何が彼の考えなのか、境界線がわからなくなっちゃったんです。たとえば、盲ろう者協会の仕事も、すごく彼の人生と重なってきているので、協会のスタッフとしての私(〇五年から協会の非常勤職員)の意見を聞かれても、何だか福島さんの意見を代弁しているような感覚になっていって。うまくいえないんだけど、侵略されていったというか、とにかくパニックになる。しんどい。

福島　そんなつもりはないんですが、結局洗脳しているような意識になるんです。ですから、ハンディをもっている、障害をもっている夫の妻だからといって、相手の言うことにあわせてばかりいたら、相手に洗脳されて、自分の立っている場所がわからなくなる。

つまり、無私の奉仕関係、自分のない、「私」のない無私の奉仕とか無私のサポートというのは、後で高くつくということです。「私」がないといけないんだろうと思う。私が知らず知らずに、彼女を「私」のないところに追い込んでしまったんです。

別居中のふたりはメールでやりとりした。

光成　これは私だけの体験かもしれませんが、通訳するときには、通訳を担当している盲ろう者の気持ちに入り込んでしまう癖がついちゃってるんだと思うんです。その人の気持ちが私に憑依《ひょうい》しちゃうところがあるんです。だから、通訳じゃなくても、直接、肌が触れあって話していると、どうしても彼の気持ちが私のほうに影響しちゃうんです。自分の気持ちよりも、彼の気持ちを優先して。どういう風に感じているんだろう、考えているんだろうって。そっちの気持ちばかりが私の気持ちに覆いかぶさってきちゃう。すごい疲れるんですよね。

だけど、メールで話し合いをしたら、そういう感覚がなくて、しんどくならないという事実もわかったんですよね。

それまでは、言い合いになったら逃げずにとことん真正面から向き合わなければいけないというのが法則、それが結果的に私を追いつめていたこともわかったので、嫌だったら逃げればいいと。途中で、この話し合いは打ち切ってもいいってことにしたんです。彼にとってはコミュニケーションを途中で切られるのはすごい嫌なことだと思いますけれども、それが私を守ることであって、逃げるっていうことが楽。逃げさせて下さい、すいませんけどって感じです。結果的にそれで二人の関係が保てるようになるのであれば、それでいいんじゃないかと。

福島　途中でやめるのは困ると言っていたんですけれど、沢美がコミュニケーションの継続に疲れたとき、困難を感じたときは、ストップの合図を私に送ればやめる。私は退場させられるんですけれども、騒がないということ。

光成　この人、とことん言ってくるの。容赦ないんですよ。手加減なし。大学の教員と赤子が手加減なしで言い合って勝てるわけがないので、追いつめられちゃって。しんどくなって爆発するぐらいだったら、途中でちょっと反則かもしれないけど、白旗をあげることによって、結果的には私の方が勝っているのかもしれません、もしかすると。

福島　それでいいと思います。私には障害がある、かといってどちらかに負担が偏った夫婦関係はいびつであることも事実である。だからいくつかルールを決めていった。ポイントは無理をしないで、必要があれば第三者を介在して、通訳を入れて話をするということ。それから、沢美がリラックスできる場、時間をつくるということ、私自身リラックスできる工夫をするということです。

光成は別居とその後の話し合いで、「私といっしょにやっていくという彼の覚悟みたいなものをみた」という。それがこれまでのどこかビクビクしていた思いを解いたようだった。

「(いまは以前よりも)楽しいよね。彼は変わってないかもしれないけど、私の中ではだいぶん肩の力が抜けているかもしれない」

ジェットコースター

福島は〇五年三月「適応障害」と診断されていた。二五年間の盲ろうという極限状態のストレスの蓄積があった(第8章参照)。

断続的に休養し、一〇月に復帰した(また休んだが)。診察室での医師とのやりとりも光成が付き添い、通訳した。休養中なのに盲ろう当事者の組織づくりなどに奔走する夫を、光成はハラハラしながら支えてきた。

福島が光成にふっといった。

「僕は盲ろうから逃げられないからあきらめもつくけれど、君は逃げようと思えば逃げられる。でも逃げない。だから葛藤が大きいだろうね」

光成が福島の指に打ちながら、笑っていった。

「のぼったり、落ち込んだり、ジェットコースターみたいっ」

光成のうつや爆発、福島の適応障害。ふたりは「進化」しながら、より深いコミュニケーションを手探りしている。

肌のぬくもり

どんなとき、光成さんと結婚してよかったと思いますか、と尋ねたことがある。

「朝、めざめたときに、隣の布団をさわると、そこに沢美がいるとほっとする」と福島。

「寝てるか？」

福島の声にめざめると、妻は夫の指先をさがして、こう指で打つ。

「ね て る よ」

夫は、妻に触れ、その声を指でき き、安心してまた眠る。

妻がいう。

「彼はああみえて甘えん坊。肌のぬくもりや皮膚接触に求めるものがある。それによって相手がそこにいることや、自分が生きていることを実感する。相手がいないと、自分が生きていると実感しにくいんだと思う」

いくら指点字通訳をしても、手を離すと、コミュニケーションのスイッチが切れる。通訳をうけて同じ空間にいるようでも、どこか一抹のさめたものをもっている。

「皮膚接触によってそれが解消し、言葉でいえないことや、自分が生きている感触を再確認するんだと思う」

肌が触れることを、最初福島はいやがった。

「私の方がギュッとしてって。子どものころ、わけもなく不安になると、よく父にギュッと抱きしめてもらっていたから。彼は最初いやがってたけど、だんだん慣れてきたみたい」

自宅で食事をするときは、二人並んで食卓に向かう。「ほっとくと私の方にくっついてくる。狭いからあっちへ行ってよというと離れて、いつのまにか、またくっついてくる」

夜中に目がさめたとき、夫が光成の頭をさわって、「いるな」と確かめることがある。光成はそんな福島の孤独を知っている。

抱きしめられて眠りたいと思ったことはないですか。そう尋ねると、光成は、あるけれどそれは福島にとっては「うるさすぎて、眠れない」のだそうだ。指点字は「触覚言語」だ。指先など皮膚からの情報でコミュニケーションをするが、それが全身からだと「うるさすぎる！」とは。なるほど、そういうことがあるんだ。全身から音が入ってくることを想像すれば、それはやはり大変かもしれない。

考える人

福島はどうか。言葉でのコミュニケーションを重視するが、皮膚接触やセクシュアルなコミュニケーションは、全体のうちどのぐらいの割合を占めるのか。〇八年一二月、全国盲ろう者協会近くのイタリア料理店で尋ねた。光成と、福島の通訳もいっしょの夜だった。

「一、二割ですね、少ないです。対面のコミュニケーションがないのは困る。存在自体が不透明な虚空、宇宙空間に浮かんでいるからこそ、コミュニケーションが必要。皮膚接触というのはあまり意味がない。重要なのは魂の接触。その人の存在との接触が重要です。セクシュアルなものはある年代では重要かもしれないけれど。全体の枠組みのなかでは虚しいものですよ。ハードよりソフトという魂が重要……」

横で光成が「要するに、あなたの話に相づちを打ってくれる人を求めてるの？」と、ぐさり。この日は、福島には別の通訳がついていたので、光成の発言が鋭いように感じた。

「私は肉体的な接触の意味を軽視するわけではないが、ある種の虚しさがある。私にとって重要なのは、その人のもっている精神的なもの。なぜなら、肉体的な差異を察知するセンサーがない。あったとしても価値を置かない。光成がアルファケンタウリ(星)人でも気にしない。かりに目が三つあっても、そうか、それはおもしろいね、と。それは本質的ではない」

考える人．右手をあごにあてる独特のポーズ．「指点字通訳はうけない．考えさせてくれ」という意思表示．

こういうと福島がロダンの彫刻「考える人」のように、右手をほおに当てた。光成が

「あっ、「考える人」になってる」と苦笑した。

「これはひとつの意味がある。だれも僕に指点字を打つな、ということだ」

福島がふふうと笑って、ワインを口にふくんだ。

通訳をうけていても、俺が発言するんだというときには、指をまるめて、他者の発言をうけつけないポーズをするのだという。

このポーズはこの夜、初めて見た。赤ワインが二本からになっていた。

私は少ししみじみした。そうか、もう通訳を拒否できる状態なんだな、と。ケティーが始めた通訳は、ここまできたのだと。

九年ごとの人生

出会ったころ、光成の指点字を打つ速さはいまの一〇分の一のスピードだった。ポツ、ポツ、ポツとゆっくり打った。この一〇年で一〇倍速になり、状況を把握して福島がほしい情報を伝える通訳としての力量は格段にのびた。〇一年に東大助教授になってからは、大学での授業や研究、大学院生の指導など仕事にかかわる通訳・介助は、大学が保障するシステムもでき、三人の優秀な通訳・介助者がいるので、光成は日常生活以外では、ピンチヒッターで出るぐらいで、ほとんど通訳をしなくてよくなった。

光成は〇五年四月から、全国盲ろう者協会の非常勤職員になり、新任の盲ろうの職員の通訳・介助などをし、啓発活動や研修会などで出張して家を空けることもふえた。英語の勉強も続け、自分の世界を持つようになっていた。

福島は世界盲ろう者連盟のアジア地域の代表だ。これまで韓国との交流を深めてきたが、〇九年三月にはネパールへも行き光成も同行した。

盲ろう者支援が使命という夫とともにいて、「私にも使命があるのかもしれない」と、光成も覚悟をきめたようにもみえた。

博士号授与式にて，母令子，妻光成沢美と．
（著者撮影）

〇八年五月、福島はこの数年の課題だった博士号を授与された。自らの一九歳までの人生を題材に、その苦悩と再生をまとめた。駒場の東大構内で大学関係者や盲ろう者協会の人たちが開いてくれたお祝いの席で、福島はこうあいさつした。

「九歳で失明し、一八歳で聴力を失って全盲ろうになりました。

九年ごとに何かを失って。二七歳でビールの飲みすぎで腹が出てスマートさを、三六歳で髪が薄くなってきて若さを失って。でも四五歳で博士号を得て、これからは何かを得ていく人生になるのかなと思っています」

一五年前の五月、光成が専門学校で出会ったときに聞いた福島のいつもの自己紹介に、三六歳と四五歳が加わって、バージョンアップしていた。ふたりはあたたかな笑いと拍手に包まれた。

進化するコミュニケーション

私的な家族旅行にも、福島に通訳者が同行するようにした。すべて、夫婦二人だけで解決しなくてもいいんだ、と思えるようになった成果だ。

〇八年の夏、光成の広島の実家を夫婦で訪ねたときも、ベテランの通訳者が同行した。光成はこれまでになくリラックスできた。

結婚当初に里帰りしたとき、光成が福島の手から指を離そうとすると、「手を離すな」と怒られた。そうか、自分は通訳者もしているのだから、手を離してはいけないんだ、と思った。実家に帰れば母の手伝いもしたいけれど、「帰ってももう、娘の役割は果たせないんだ」と感じたことがあった。

福島は、通訳者がいなくなればブラックアウトする。いくら周りに家族がいても、無音漆黒の世界にたった独りになるのだ。

「別にいいよ、僕は本でも読んでるから」

夫がそういってくれても、周りから見ると、どうしても不機嫌そうに見えてしまう。どうすればいいのか。通訳者がいてくれれば、光成も心おきなく、母の手伝いができる。そう気づいた。〇八年末には光成の家族との旅行や、互いの実家を訪ねる旅にも男性通訳が同行した。

この数年、光成は「子どもをどうするか」をずっと考えてきた。「智さんの子どもを見てみたい。でも、実際に育てるとなると大変かなあ。でも、彼にとっても仕事ばかりではない人生がひらけるかもしれない」

福島はこう思う。

「できればいいなあという気持ちはあるけれど、なければそれはそれでいい。何が何でも、と生殖医療まではやりたくない。

子どもができるといいな〜というのは、それはすごいこと、ですよ。母親が一番すごいけれど、父親も自分の存在意義を証明する必要がなくなるから。次世代にいのちを譲ったということで(自分が生まれてきた意味があったと思える)」

〇九年春、光成はいったん仕事をやめて、まず二人の生活を見直したいと思っている。

家族になった

福島と光成は、都内の公務員宿舎に暮らしている。

ふすまにへこんだあとがある。

「私が出て行きます！」
○六年四月、光成がこういったとき、福島がこぶしで怒りをぶつけた跡だ。
「君が出て行きます、というとそうなるよね」と福島。

「あれで（あの別居と話し合いで）、智さんと家族になったと思う」

「えっ、その前は家族じゃなかったのか？」

「合宿だよぉ」

「出て行きます、ということは、いわゆる「瀬戸際外交」やな」

「一人で生きていく覚悟をしたんです」

「君、人間、一人で生きていくことが基本なんですよね。一人で生きていくことができない人は二人で生きることはできない。でも、君、あのときは、かわいそうな夫をほって行ったんやな」

でも、妻は戻ってきた。

いまも福島は光成を「ビーちゃん」とよび、帰宅すると探しては、その日のできごとを一通り話さなくては気がおさまらない。
○八年一二月、東京での講演会で聴衆に、「これまでうれしかったことは」と尋ねられた福島は、「この人と一緒に暮らせるようになったこと、ということにして、ゴマをすっておきましょうか」といって落ちをつけた。かたわらで光成が笑っていた。

私が初めて二人に会ったのは〇五年。そのときより、光成がのびのびとしているように私には見えた。夫の適応障害、別居、夫婦の話し合いに指点字通訳導入……。手探りしながら、ふたりのコミュニケーションは進化し、絆は深まっているように感じた。

8 「適応障害」――福島智を生きるということ

福島は二〇〇五年春、適応障害と診断された。

異変は二年前の三月。ふいにおきためまいだった。ぐるぐる回るのはなく、ふらふらするように感じた。

中学一年(七六年)の一一月のころから、めまいとはつきあってきたので、「いつものめまい」かと思った。これまでなら一、二週間、内耳の血流をよくする薬を飲めば治っていた。

だが、今回は薬が効かない。

耳鼻科へ行って検査したが、わからない。別の耳鼻科や神経内科、心療内科、内科といろいろ回って調べても「異常はありません」といわれた。医師とのやりとりや検査には、妻の光成沢美が通訳・介助をして付き添った。光成も不安だった。

どこかいい病院はないか。光成がインターネットで、めまいも含めて耳にかかわる病気に対して総合的にアプローチしている病院が都心にあることを見つけ、いっしょに訪ねた。その病院の耳鼻科で二月、一通りの検査を受けて、「ストレス外来に行ってみますか」と勧められ、精神科医であるいまの主治医と出会った。週に一日だけ、別の病院から出向していた。

診　断

ストレス外来の医師は初診の三月三日、一通りみて適応障害と診断した。

「て　き　お　う　し　ょ　う　が　い」

光成が、医師の診断名を指点字で福島に伝えた。医師はこう続けた。

「適応障害は、明確ではなくても比較的具体的に特定可能な原因でひきおこされる心と身体と生活の不調です。あなたの場合は軽いうつ状態にあると思います」

抗うつ剤のトレドミンを処方された。

トレドミンは、抗うつ薬として当時売られていた唯一のセロトニン・ノルアドレナリンの再取り込み阻害薬だ。セロトニンは神経のたかぶりを、ノルアドレナリンは気持ちの焦りをコントロールしている脳内物質であるという。それらを調整して神経のたかぶりを抑え、焦りではなく意欲を増すようにすることを期待する薬だ。医師は、福島が納得できるように、脳の仕組みや薬が効くメカニズムもくわしく説明した。

福島は驚いたが、納得する気持ちもあった。漠然とした不安ではなく、「個別具体的な原因」に思い当たる節があり、適切な判断だと思った。その時点では、ひとつひとつは重大ではなくても、いくつかの原因が重なるとなるのだろうと。

光成は「やっぱり」と思った。そして「診断がついてよかった」と少し安堵した。本やインターネットで調べて、原因不明のめまいに苦しむ人が予想以上に多く、精神的な症状からめまいが起きることも珍しくないと知っていた。一方、光成の知っている精神科医に福島を診察してもらったところ「目と耳とめまいと精神的なものとで、複雑すぎて自分の手には負えない」ともいわれていたからだ。

だが薬を飲んでも調子はよくならない。「しんどい、それも電池が切れるような、動けなくなるようなしんどさ」だった。

四月、福島は「もう限界だ」と感じた。

六月にフィンランドで開かれるヘレン・ケラー世界会議へ当然出かけるつもりだった。

だが「出られないな」と思った。

世界会議は、世界盲ろう者連盟が四年に一度開く会議で、各国から当事者が集まる。〇一年から福島はアジア地域の代表でもあり、八九年には、指点字をスウェーデンの会議で紹介し、今年も出席を楽しみにしていた。なのに行けないと自分で思っている。予想以上に病状が重いのに気づいた。

主治医に「大学をしばらく休んだ方がいい。原因は仕事のなかにあるのではないか」といわれたとき、ホッとしたのを覚えている。

私が福島に最初にインタビューしたのが〇五年三月一五日だった。当時、障害者自立支援法案が問題になり、同僚の清川卓史記者とともに東京大学先端科学技術研究センターで福島にインタビューをした。診断から一〇日ほど後だが、そのことは知らなかった。

インタビューは四時間に及んだ。明快で、盲ろうになった体験から、障害者自立支援法案による応益負担(二三〇ページ参照)導入を「無実の罪で牢獄にいる者に、保釈金を払えというようなもの」と批判した。

そのときに、福島が人生を語る言葉に私は魅せられた。このありのままを何とか伝えなくっちゃ。この日ほど、新聞記者である幸せを感じたことはない、と思った四時間だった。

記事は〇五年四月一九日の朝日新聞朝刊オピニオン面に掲載された。福島の言葉は、自立支援法案に反対の運動をする人たちの理論的支柱となって、インターネットや口コミで広がった。

記事のお礼とともに、次に企画した福島本人の人生に焦点をあてた連載記事の取材日程についてメールを出すと、丁寧な返信が届いた。最後に「ヘレン・ケラー世界会議、もしかすると行かないかもしれません」とつづられていたのが気になった。

のしかかるストレス

四月三〇日二三時四四分、三カ月の休養に入るメールが届いた。

福島です。

四月二八日に主治医の診察をうけ、また相談し、「静養・加療三カ月が必要」という診断をうけました。

中途半端な病気休暇で復帰してリバウンドするのが一番危険だ、ともいっておられました。

考えてみれば、一八歳の時、盲ろうになる過程で三カ月、実家で静養した後、二四年間、あまり落ちつけた時期がありませんでした。

この一〇年だけでも、ずっと走り続けていました。

一九九五年は、東京盲ろう者友の会の会長として、全国初の自治体レベルでの盲ろう者施策の実施をめざして、東京都の盲ろう者通訳派遣制度実施にむけての役所との折衝や全政党への陳情などに明け暮れ、あの『渡辺荘の宇宙人』も実はあまり気乗りはしなかったけれど、この派遣制度実現にむけて「戦略的に」出版したのを思い出します。

その後、派遣制度の開始(九六年四月)、

都立大学助手就任(同七月)、

金沢大学助教授就任(同一二月)、

大学での指点字通訳者の大学による保障獲得(九九年四月)、

国レベルでの初の盲ろう者施策への直接の補助金交付開始(二〇〇〇年四月)、

そして東大・先端研助教授(二〇〇一年四月)という遍歴でした。

原因不明のめまいなどの身体的な不調は二〇〇三年三月から、二年以上続いていましたので、限界に来ていることは自分でも感じていたのですが、精神的なうつ・不安症状まで加わるとは思いませんでした。

盲ろう者になっても、少なくとも自覚的にはうつ症状にもなりませんでしたので、あれ以上のストレスは人生にないだろうと思っていたのですが、日々の累積と年齢ということなのだと思います。

原因はさまざまに思いあたるのですが、もっとも大きなストレスは、やはり広義の「人事」ですね。

現在は、「病気休暇をとるための準備」に追われています。学外の仕事は、「病気療養で休みます」で最終的にはOKなのですが、大学での私の仕事や役割、立場は非常に錯綜していますので、さまざまな場合を想定して、事前の連絡調整や作業のわりふりなどをしておかなければならず、それだけでも病状が悪化しそうです。

医者からも、「義務でする仕事はすべて断ってください。しかし、意欲の出ること、好きなこと、やりたいことなどはどんどんやってください」といわれています。

アルコールは制限されていませんが、今の薬とはあまり合わないのか、あるいはこれが病気の証左なのか、飲みたいという気がほとんどおこりませんので、ノンアルコール生活になっています。（略）

思い出はエバーグリーン

記事のその後の反響と、自立支援法案についての解説記事を書く予定を報告すると、六月一五日、項目ごとにくわしい助言をそえたこんなメールが届いた。

福島です。

私の方は二週間おきに主治医の診察をうけながら、自宅療養をしています。今のところ、ゆとりをもち九月末までの加療、という方針になっています。大学だけでなく、盲ろう者協会や審議会など、他のすべての活動も休止状態で静養しています。

しかし、個人的なメールはある程度やっていますし、院生の指導やスタッフの人事など、ミニマムのことは不十分ながらかかわっています。（略）

話は変わりますが、先月、私と半年しか年齢のちがわないある盲ろう者の男性がなくなりました。

現代医学ではどうにもならない全身性の難病でしたし、今の福祉システムがどうであっても、彼はやはり同じような経過をたどったかもしれません。

それでもなお、「命」というものの重さに、私たちの社会、私たち自身はどこまで敏感なのだろうか、と自問しました。

彼は私が一四年前に作った東京の盲ろう者友の会の会員でもありましたし、少しですが、個人的なかかわりがありましたので、依頼されて会報に追悼文を書きました。

体調不良のこともあるのか、ふだんの何倍も執筆に時間がかかり、そして書き終わった後、ただ、双肩になにかの「重さ」だけが残るような感じでした。

生井さんの取材内容とは直接関係はないかもしれませんが、もっとも最近に私が書いたほぼ唯一の文章を、ちょうだいしたメールへのお礼がわりにお送りします。

添付されていたのは、NPO法人東京盲ろう者友の会機関誌、『てのひら通信』二〇〇五年六月号に寄稿した福島の文章だ。

哀悼　江野　浩二さん
　　思い出はエバーグリーン

新緑の五月、江野《えの》浩二《こうじ》さんが亡くなった。四一歳。ここ三年ばかり、この「てのひら通信」に、毎号のように俳句を投稿なさっていたので、お名前をご存知の方も多いだろう。

全身のあらゆる感覚や運動機能が徐々に奪われていく難病との、激しい戦いの末のことだった。五年前には聴力、三年前には視力も失い、盲ろう者となった。

「指点字　手のぬくもりで　春を知る」（二〇〇二年六月号の本誌掲載の江野さんの俳句、以下同様）

この句が掲載された二〇〇二年の秋には、指点字の読みとりが難しくなり、背中にかな文字を書いてもらう方式に移行する。ところが、やがて、それも困難となり、わずかに感覚が残る彼の左のほほに、話し相手が指で字を書いて、ことばを伝えるようになった。

自宅療養する江野さんに、梶純子さんのご紹介で私が初めて会った二〇〇三年三月は、ちょうどそのようにして、彼にことばをどうにか伝えていた時期だった。江野さんはベッドに横たわり、栄養は、胃に直接繋がるチューブで摂取していた。彼からの発信は音声だけれど、全身の気力と体力をふりしぼらねばならないようすだ。だから彼との対話は、極限られた時間しか続けられない。

この凝縮された時間に、どういうことばを紡げば良いのだろう。ふだん、だれと話す時でもことばにつまることなどほとんどない私だけれど、彼との短い対話の時間は、まるでけっして書き直しの許されない文字をクリスタルの板に刻み込むような、そんな硬質の緊張感を伴って感じられた。

しかし、私と彼は、同世代で同性。子どものころのザリガニとり、アポロ11号の月面着陸、一九八五年の阪神タイガースの奇跡の優勝、そして、二人が共にこよなく愛するボルドーワイン……。一言話せば、共通の話題がすぐに見つかった。

寝たきりに近い盲ろうの状態にありながら、江野さんの心は外界に向かう。

「ガラス戸に　響く花火の　あでやかさ」(二〇〇三年九月号)

だがまもなく、江野さんのコミュニケーションにとって、決定的なダメージが生じる。二〇〇三年の秋、気管を切開したため、音声での発話が不可能になったのだ。目が見えていれば、文字盤を使っての視線による発話も可能だろう。手が自由になるなら、彼らの筆談や指文字もできる。しかし、いずれの方法も、江野さんには閉ざされている。このハードルを突破したのは、梶さんが考案した、究極の会話法だった。

点字は六つの点の組み合わせでできている。それぞれの点には1から6までの番号がついている。そして、点字とは、これらの点が「ある」か「ない」かの組み合わせで一文字を構成する。たとえば、「あ」なら、1の点だけが「ある」で、2から6はすべて「ない」、というぐあいだ。

そこで、江野さんの左ほほに1から6までの数字を書いていき、わずかに動く彼の顔(頭)の縦横の動きで、「ある」、「ない」を示してもらい、この動作を六回繰り返して、ようやく一文字を構成するという、もはや神業的会話法だ。

「ワ、イ、ン、あ、る」

かつてソムリエばりにワインを研究した江野さんが、自分で指定してご家族に用意を頼んだという赤を私に勧めてくれる。この五音の発言をするために、いったいどれだけ彼は苦労したろう。彼が用意してくれたワインの香りは悲しいほどの光沢があり、深く、美しい。

「盲ろうの　過去の記憶は　エバーグリン」（二〇〇四年七月号）

光と音を失っても、思い出は、いつまでも鮮やかだ、という意味だろうか。「エバーグリーン」という色彩の名もあって、常緑樹のような深い緑のことで、また、他の解釈では、「永遠の命」という把握もあるらしい。

初夏の濃い緑の光の中、江野さんは永遠の命を得た。

ペースダウン

解説記事を載せたあと私は、もっとも声の届かない人たちの思いを伝えたいと思って書いているけれど、どんなに取材しても完璧はなく、記事を書くのが「実は怖い」と思うことがあるとメールで送ると、二時間後、すぐに返事がきた。午前三時一六分だった。

福島です。

今、たまたまおきていました。（略）

これは「釈迦に説法」だと存じますが、新聞の命は批判精神、そして、本来の「批判」と悪口はちがいます。そこはもう、腹をくくるしかありませんよね。（略）

私の好きなことばに、「輝く者は、燃える苦しみに耐えねばならない」というフレーズがあります。

たぶん、フランクルが、『死と愛』か『夜と霧』で紹介していた成句だったように思います。

とはいえ、いつも「輝いている」、「燃えている」のはしんどいですよね。

どうぞ、少しペースを落としてください。

「私自身がすごく励まされた詩をご紹介します」と吉野弘の詩「生命は」が添付されていた(『続・吉野弘詩集』初版、思潮社より)。その詩は、こう始まっていた。

生命は
自分自身だけでは完結できないように
つくられているらしい

福島自身が盲ろうになったころ知って励まされて、講演でも語ってきた詩だった。

「輝く者は、燃える苦しみに耐えねばならない」という言葉、そして「どうぞ、少しペースを落としてください」は、福島が自分に語りかけてもいるのだと感じた。

診察室に同行

福島は大学を、その後も半年ほど休んだり出たりした。

二〇〇六年の一月から、制限勤務(半日勤務)で復帰した。だがその瞬間に、怒濤のごとくさまざまな仕事が大学内外から押し寄せ、復帰三週間で徹夜も含め睡眠二時間以下の日が七日ほどあった。講義などは免除されていたが、盲ろう者関連の仕事もあり、かなりばてぎみだった。だが、救いは「適応障害」の症状自体は軽快しつつあることだった。

そして、〇六年二月一二日、受診に同行させてもらうことになった。午前九時三〇分すぎ、病院の二階で待ち合わせた。福島と光成、そして私。寒い。前日は春の陽気、この日は急に冷え込んで小雨。九時四五分、診察室に入る。穏やかそうな医師でほっとする。

医師　どんな具合ですか。

福島　復帰一カ月少しですが、半日勤務ということですが半日ではすまないです。行くと一日、一・五日になることもありますが。ただ、疲れ方の質が元に戻ってきてるのかなあ、と思います。以前の、何ともいえない電池切れではなく、普通の疲れのようです。

気持ちの上では楽になりました。「半日勤務」というお墨付きがあって、学外からの依頼を「療養中で」と断れるので。いまの半日勤務はありがたいです。（略）

医師　眠りを心配していますが、どうですか。

福島　それは寝つくまで時間が。(睡眠導入剤の)レンドルミン併用、レキソタンをのんでいます。コーヒー、酒を飲まず、昼(運動するように)しても最低一時間、寝つくまでかかります。
　アルコールはだめなようです。飲むと全然眠れなくなります。

医師　うーん(とうなずく)。

福島　パーティーで飲むと、夜できるだけ早く寝るようにしていますが、うまく寝つけたときも、トイレに起きて目が覚めてしまうことがあります。

医師　(少し苦笑しながら)悪い癖の、夜中のメールチェックは？

福島　(首をすこしふって)一月の復帰直後の二週間が一番忙しかったです。自分でもテンションが高かったかなと思います。

医師　リラックスしている瞬間はどんなときですか。

福島　それは風呂と便所に入ってるとき(笑)、そういうと、同居人に申し訳ないかな。

医師　(笑)奥さんはどうですか。

光成　復帰したのはいいけれど、飛ばしすぎで、この先が心配です。中途半端で(何かをやめても)納得できるようにならないと。

医師　環境調整がうまくいっているので、リスクは少ないと思いますよ。奥さんのいうとおり、ペースダウンですね。

福島　集中すると、気づくとパソコンに向かって六時間たっていたり。極力寝られるときに寝るようにしていますが、過去一カ月はあまり休まなかったです。

医師　一番つらかったときのように、エネルギー切れになる心配は？

福島　極力休むように、みんなに俺は「半日勤務」「半日勤務」といっています。

医師　「ねばならない」から解放されて、やりたいことのみをやること、それもセーブ、セーブをすることです。

福島　しんどいのは、新しいバジェット(予算)をとったりバリアフリーのプラスアルファのチャレンジの調整で、役所へ行くのにかり出されたり、四月概算要求があるからそれまでにやるとか、助手的な人ができて手伝ってもらえて楽にはなっているのですが……。

医師　先月より、今月の方がさらにいいように思いますよ。
ご自覚の通り、(私も)奥さんと同じ心配をします。

光成　よかった(笑)。

医師　福島さんの人生だから好きなようにと思いますけれども。

光成　結局、自分の納得のしかたですね。

福島　自分でペースダウン、ペースダウンと、いいきかせております。

「自分も人間だと」

適応障害という診断をうけて、福島は「自分も人間だと思った。どこか過信していたのかもしれない」といった。ちょうど、盲ろうになって二五年になる。

「見えなくなり、聞こえなくなって、ストレスフルななかでも、精神的な部分は、少なくとも大丈夫でした。

盲ろうになったあと、何年間か放置されていたら神経症やうつになっていたかもしれないけれど、すぐに母が指点字を考案し、「通訳」も始まり支援者も集まり、結果として、多くの人に支えられて、極限状況のなかでもどうにかタフにやってきました。

休んだのは、盲ろうになって最初の三カ月ほどで、あとはずっと走りっ放しでした。

その後も、恋愛のことがあったり、不整脈やめまいがあったりはしたけれど、少なくとも、精神的なキャパは、無限にあると思っていた。こんなになるとは。過信があったのかもしれません。体は寝込んでも、精神的には……と。

脳も臓器の一種。私も人間であると、脳も弱くてもろい人間という生きものの一部だと思い知った、ということです。

二番目の兄が中学生のときからしばらく神経症的な状態になることがあって。それで昔は、軟弱な兄だと思ったこともありました。妻がうつ状態になったし、私の周りもうつの人が多く、みんなどーなってるんだ、という思いがあった。俺なんか、どれだけいろいろあっても平気なのに、この連中はどうなってるのかと。自分の「精神力」を過信しているところがあったのだなと、妙に納得した。

意思力ではどうにもならないことがある。直接的には脳の神経伝達物質の問題ですので。

耳鼻科の医師で、以前から面識のあった人に、めまいに関する内耳の器官には異常はないといわれたので、私が「うつでは？」と聞くと、

「福島さんはなりません。うつは、もっと弱い人がなる」といわれた。

やめてほしいよなぁ、思い込みは。その思い込みで、私は二年近く遠回りした」(〇六年二月)

この同行のひと月後、治療を受け始めて一年後の春、福島は大きなストレスの原因に思い当たって、主治医にくわしく話した。「なるほど、それはストレッサーになりますね」といわれ、解決にむけて動いた。その後、少しずつ回復した。

この年、〇六年の終わりから二年間ほとんど手つかずだった博士論文の執筆準備を本格的に始めた。〇七年は博士論文中心の一年だった。

治療を続けながら薬を減らしていった。最終的にもう必要ないかとも思ったが、「博

士論文を書くという重要なミッションがあり、急激な変化がない方がよいという助言もうけて、論文ができあがるまで続け、〇八年の五月初めに完全に抗うつ剤をゼロにしました」。

リバウンドを心配したが大丈夫で、その後は補助的な精神安定剤を飲んでいる。

東大教授に

だが、〇八年の一〇月、教授に就任したことから、さらに忙しくなる。

一〇月九日、再び診察に同行させてもらった。福島は「少し、しんどいんですね。うつっぽいということはないんですが、忙しさが、量的というより質的に。人事案件が出てきて、持病の不整脈がぶりかえしています。

今月から教授になって、めでたいことではあるんですが。いろんな声がかかって、それへの対応では、量的にも忙しさが重なっています」

医師が「プールや走ったりなど運動は？」と尋ねると「この一カ月、できていません。ほんとはやった方がいいんだろうなと思いますが、時間が足りない感じです。体重は七九キロ(も)あります」

光成は「睡眠の短さが気になります。調子の悪くなる前にこうなるので。やっとレンドルミンをやめられたのに」。

医師はじっくり話をきいて、「現実不安だと思います。ちょっと忙しすぎて、気分が高ぶっている。単発的にデパスを追加して乗り切るのがいいと思います」といって、処方した。

この日は引き続き、神保町にある全国盲ろう者協会で打ち合わせ。午後は、本郷の東大で、和歌山県から訪ねてきた中学生たちに話をし、質問をうける。三時から五時まで、大学院のゼミの第一回がスタート。終わって、タクシーにのりこむと、さすがに疲れたようすだ。

「盲ろうという、たまたま放置されていた人のために役立つことで……。役割を振られて。何で僕やねん、というのがありますが、でも、しゃあないですね。リングに上がって、常に戦ってばかりいられないけど、戦うことを運命づけられている。がんばる障害者はよくないし、それはやめようとスローガンでいっているけど、いまのところ、がんばらないと社会は変わらないし。でも、「がんばる」は、大野晋《すすむ》さんが書いておられましたが「我をはる」で、語源的にもいいニュアンスじゃないんですよね」

近くでみている光成もつらいだろうなと思った。

いま(〇八年一〇月時点)は元気なころの何%の状態か、と尋ねると、福島はこうこたえた。

「発病する前を一〇〇%とすると、仮に病気にならなくても三年は経過し、年をとっていますしね。瞬発力やエネルギー、スピードは落ちているから総合的には七、八割だと思います。その一〇〇%だった時点で、一〇〇%ではなくて無理をしていて一二〇%出していましたからね」

「とりかえのきかない存在」

〇八年一〇月、福島の了解をえて、主治医にインタビューした。

医師 新聞で見たこともあったし、なぜ、この人がと驚いたんですけれど。お話を伺っているとうつ状態であり、疲弊しておられて。疲れる原因をうかがって、適応障害と診断しました。もっともなストレッサーがあったので。診断は、できごとやストレッサーと心理的な反応に、相当程度、因果関係があることが前提です。

でもそれは、いま考えると表層的で、原因はけっこう根深いと思います。

(皇太子妃)雅子さんの診断が「適応障害」のまま変わらない。それと全く同じですね。「アイコン」、象徴として、大きな存在で、とりかえのきかない存在。社会的な文脈として、一人の役割を超えている。あの人を大切にしなくちゃいけない、と思われている。そうすると、適応(すべきだと本人が考える)要求水準がとても高くなる。

ふつうなら、仕事をやめればいいじゃないの、とか要求水準をひき下げればとなるけれど、福島さんは「とりかえがきかない」ということで、使命感のようなものをもっていらっしゃるし、どう折り合いをつけるかが正直難しかった。

いまでも、難しいです。

福島さんは、奥さまや通訳者との関係の複雑さもあります。

外界とつながっているときは、だれかに依存しなくちゃいけない。

窓は閉じていない。が、窓(通訳者)には個性がある。指点字通訳者との関係性は複雑ですね。

私からは、仕事を離れるか休むことが大切で、自分のやりたいようにするのがいいといいました。

――治療は？

医師　休養とお薬。現場の調整も重要です。

「あなたが自分の生き方を選ぶということです」と伝えました。かけがえのない存在ということはわかるけれど……と。

アイコンの治療は難しいです。

治療で一番難しかったのは、仕事にもどるタイミングです。他の人なら楽をさせられるけど、それが難しい。

「福島さんの人生ですからね」と言いました。彼は「それはきびしいな」といった。

「自分自身で生き方を選べるんですか」という(患者さんからの)問いには、「選べる」ということを強くいっています。本人のストレッサーに対する意味づけが重要なんです。

――アイコンというのを、別の言葉でどう説明するのが適切でしょうか。

医師 iconという言葉が私にしっくり来るのは、イコン[東方正教会の聖画像・聖像・偶像(視されるもの)]のように、聖性を帯びた象徴、という意味があるからです。iconには因襲という意味もありますから、その点では伝統的な障害者像を打ち破る存在としての本人はむしろアウトサイダー(もしくはトリックスター)なのだと思いますが、周囲にいる人にとってみればやはりある種の象徴なのだと思います。

本人は自分がそのような象徴(旗印)の役割を担わなければならないことを受け入れていると思います。iconは脱人格化されていますから、感情(こころ)をもつ一人格はアイコン化されることに対し悲鳴をあげてもおかしくないと思います。

──アイコン／アイドルの孤独／宿命でしょうか。

──彼の存在そのものが問題で、ストレスであるということはいつごろわかったのですか。

医師 早かったですね。〇六年の一月、半日の勤務から始めて、一〇月には通常勤務に戻っています。〇六年度下半期以降、代わりのいない役割をこなしていかなければならない状況を目の当たりにして、「福島智であること」そのものが本人のストレスであると実感しました。先んじてその年の五月の面接では、「男らしさ」の定義について伺った際に、「(つまるところ)「あなたのあり方」が重要なのですよ」と私から告げています。最初のころはある程度軽くみていたのですが、そのうちにこれは、ちょっと長くかかる、大変だと思いました。

いまは抗不安薬を調子の悪いときに。デパス、レキソタンも服用してもらっています。ご自分なりに薬を知っているので。

〇七年一〇月には安定して一年間勤務できているので、治癒といえる状態に復したと判断しています。抗うつ薬は、〇八年に入って本人から申し出があり、三月にはやめています。お薬をとりに来なくてはというので、二週間から一カ月に一度は診察していますが。

——盲ろうであることは、人にどのような影響を与えますか。

医師　福島さんの場合、先天性ではない。中途の視覚障害や聴覚障害の方は喪失感にどう対応するか、という問題があります。喪失感という点では、大切な人を失ったときにどう感じるかということもあり、健常である我々にも、大変さは想像できると思います。

ただ、人は柔軟性がものすごくあるんです。

ナチスドイツの収容所でさえ、ユーモアを忘れなかったように、健康な希望をもつものなんですね。

最初のうちは、混乱や抑うつ、不安の期間がそれぞれに長短あるけれど、日常適応するなかで、本人がおだやかになってゆく。

人の心は一見もろいけれど、つくづく、心の柔軟性が、人にはあるなあと思います。

――柔軟性のあるなしの差はどこからくるのですか。

医師　知的な高さ、先読みやいろんな可能性をみたり、多くのことを考慮にいれられることがまずあります。

そして周囲からのサポートやコミュニケーションを受け入れる能力ですね。対人関係の能力です。子ども時代からの育ち方や育てられ方、人への信頼感をもっているかどうか、人からのサポートをうける準備ができているかということです。

両方が福島さんにはある。

人の健康度は、ユーモアのセンスがあるかどうかでわかります。ユーモアは、彼自身の魅力であり、人間性の深さ、知的な力が大きいことの現れですね。

診察でも、必ず一回は笑わせてくれますから、サービス精神がある。

相手の反応がわからなくてもやるのがすばらしいなあ。それは自分のためでもあるんでしょう。

そして、自分に対する不信があまりない。

不信をもつことに敏感で、だから、裏切られると衝撃が大きい。

——ヒーローやパイオニアが精神的な健康を保つ上で重要なことは何ですか。

医師　まず、本人の周囲のサポートは重要だと思います。本人を尊重し庇護する存在が多重的多層的にあった方がよいと思います。

それよりも本人の資質——ユーモアのセンス、特に逆境にあっても物事の明るい側面に目を向けられること、自分を笑えること。基本的な人間関係への信頼、つまり、他人からの好意を素直に感じ、うけ取ることができること。そして何より、希望を持ち続ける能力、ではないでしょうか。

医師に「福島智を生きる」ということなんですね、というと「そういうことです」といった。

福島がいま、戦略的にさぼるようにしている、といった意味がよくわかった、医師はこうもいった。

「福島智は一人しかいない。もちろん、みんな、一人しかいないのだけれど、それとは意味合いが違う。

彼自身の治療にあたることは社会的責任であり、間接的に、世界を変えることだと思います」

9　仕事と研究　1

――バリアフリーって何？　コミュニケーションって何？――

福島は、東大の風景を変えた。

たとえば毎週木曜日の午後三時前、主催する大学院のゼミに出るために東京・本郷の赤門を通訳・介助者とともにくぐる。右手で白杖をつき、背中にはいつもの大きな黒のリュックを背負って。中には、パソコンで点字変換した学生のレポートや点訳書が詰まっている。かつて東大にこうした教授はいなかった。盲ろう者で大学の常勤教員は世界的にもきわめてまれだ。

福島はいま、東京大学先端科学技術研究センター教授として、前例のない教育と研究にとりくんでいる。主催するのはバリアフリー分野だ。

二〇〇八年一〇月、ゼミの初回に、自分の関心について語った。

「完全に視聴覚を失う体験をしたので、コミュニケーションを回復していく過程で得たものと、障害によって失ったものの中身は何か、自分の体験そのものに関心があります。

そして、能力主義の問題。障害の問題をつきつめると能力主義の問題にぶつかるからです。

福祉がどうあるべきか、といっても、生産能力の価値付けと、それに連動した財の分配の問題を考えないと、根本的には何も変わらないと思っています」

東大の赤門(左奥)を入ってすぐ右にある大学院のゼミ室へ．いつも２人の指点字通訳者がつく．今日は，木村歩さん(左)と金田由紀子(通称「ももこ」)さん(右)．

「障害学」との出会い

「学問が、君の将来を切りひらくと思うよ」と、盲ろうになった福島に大学進学を勧めてくれたのは、恩師塩谷だった。

八三年、盲ろう者として日本で初めて大学(東京都立大学、現在の首都大学東京)に入学し、教育学を専攻した。外国文学に興味があったが、「外国語の習得は耳が聞こえなくなったのでハンディがあるだろうし、文学では食っていけない」と塩谷らの助言もうけて、教育学を専攻。やがて、研究者を志したのだった。

福島は盲ろうの子どもや成人の言語教育やリハビリテーションの研究を進めていたが、関心は盲ろう者から障害者全般に広がり、一九九七年の「障害学」との出会いによって、研究の幅と深みが増した。

障害学(disability studies)とは、「障害」という視点を通して、社会や文化、学問や科学技術、人間のありかたなどを再検討する新しい学問だ。「障害」を文化の視点でとらえたり、「障害」がむしろ社会的につくられる問題だととらえ、その生成過程や構造を分析する領域も含む。

福島がとくに心ひかれたのは、能力主義の問題だ。

「障害をつきつめると、「(生産)能力」とは何かにぶつかりますが、それと人間の尊厳との関係、人の生存に不可欠な「資源」や「財」の補償と「能力」との関係、さらに人が支え合う営みはどのようにつながるのか、といったさまざまな問いに迫ることです」

だが、そもそも「障害」とは何かがはっきりしない。

「病気やけがなどで、心身の機能になにがしかの影響をうけてそれが治癒せず、症状などが固定したものの一部を、障害と呼ぶのですが、どんな症状でも障害と呼ばれるわけではない。たとえば、円形脱毛症が固定しても、少なくともいまの日本では障害者とはいわない。ここで、では何が障害であり、障害者なのか、こうした問いをもつことはすでに、障害学の思索を始めていることになるんですよ」と福島はいう。

つまり、障害は人工的な概念で、その本質は「社会によってつくられ、再生産される状態や状況、関係性そのものなのだ」というのだ。そして、それが現実には、差別や排除の対象になっている。これは福島が、これまでの人生で実感してきたことでもある。

先端研の「バリアフリー分野」は、こうしたさまざまな問題群を研究対象にしている。

能力主義への疑問——世界がひらけたとき

研究者としての転機は八九年、いまから二〇年前にさかのぼる。

都立大大学院博士課程一年の時、たまたま「能力主義と教育」というテーマのゼミを履修した。障害者の問題をメインにとりあげるゼミではなかったが、経済、倫理などの議論がスクランブルされていて、とてもおもしろかった。

哲学者、竹内章郎の論文「能力と平等についての一視角・能力主義批判のために」に引き込まれた。

「ヘーゲル哲学の研究者である竹内さんが、障害者問題も念頭において、能力主義について論じていたんです。平等な人間存在と能力について。能力は、服を着たりぬいだりするように(体に)ひっついてはいるが、大事なのは本体で、能力に本質的な意味はない。能力によって差別するのはおかしい、と。ヘーゲル哲学は物事の本質と属性とを分離していて、能力は本質ではなく属性だ！　と。それと障害者をめぐる議論を、「発達」をふくめて彼の論文では検討されていました。

大学院に来てよかった、と思いましたね。

「発達」的なもの、つまり、「発達しないと価値がない」という考えに感情的に反発する人はいても、竹内さんのように理論的に問題提起する人には、初めて出会った。情緒や反発でなく、矛盾や困難さはありつつ、それを超えるロジックがあった」

米国の政治哲学者ジョン・ロールズの『正義論』(七一年刊)も読んで議論した。

「ロールズは、「障害のことはややこしいから論議しない」と外していたけれど、考えることのおもしろさをこの本で知りました。担当教官がロールズ好きで何をきいても答えてくれましたしね」

たとえば、ロールズはこう考えている。

「人間はどんな風に生まれてくるのかだれも予測できない。仮想的に考えた場合、どんな社会を望むか。極端に金持ちか貧乏になるかもしれない社会よりも、みんながソコソコやっていける社会を構想するのが合理的だと。そのためには、もっとも不利な人の利益を最大化させるべきだといった。社会主義的にではなくね。

私の勝手な比喩でいうなら、たとえば生活保護の人に月額五〇万円渡すと、働く気がなくなる。社会全体の労働生産性が落ちる。すると能力のある人もない人も不利になる。

どうするか。

格差は能力によってつけるのではなく、もっとも不利な人の利益が最大化するように、みんなの能力をプールして、適宜、配分すべきだといっています。

障害者を念頭におかない議論だけれど、寝たきりでも知的障害がある人でもすべてを網羅した理論構築ができないか。その土台として、障害者をはずした議論が何十年も前に倫理哲学の分野でなされていたことを知った。オタク的にやっていた人はいたんですね。英文を読んで考え議論するのも、とてもおもしろかった」

竹内の論文と同じ八九年にロールズを読んで、「大学教員をめざそう」と心に決める。

「能力主義をめぐる議論や、本来、健常者間の問題として構築された議論が障害者についても可能ではないか、と思ったとき、限られた世界から、バーッと開けた気がした。のど元まで出てきたのにいえなかったことが、何とか言葉になる気がしてきた！」

ポストイット

そのころ、「障害学」という言葉はなかったが、立岩真也らの考えとも出会っていく。立岩は同世代で、現在、立命館大学教授。福島がもっとも評価する社会学者のひとりだ。

立岩の『私的所有論』は九七年に出版され、福島が熟読したのは九九年から、ちょうど東大先端研から誘いのあった二〇〇〇年にかけてだった。

「「自分のつくった物が自分のものだ」ということには何ら論理的根拠はなく、ただそのように人々が信じたいと思っているからで、一種の信仰にすぎない。自分がつくった物をだれかに譲渡したり、人がつくった物をもらったりしても何ら悪いことではなく、いいか悪いかは証明不能。立岩は私的所有論で、ぐねぐねと考えながら、そういうことはいえるな、ともっていっている。

それがいえれば、能力がないとされている人が生きるために資源配分されるのは当然だと、道徳的ではなく、論理的に示すことができる。立岩は、同情や道徳でなく、もっと単純に考えたらいいでしょう、といっている」

立岩の「信仰にすぎない」との指摘、その一〇年前の竹内による「能力は付着しているにすぎない」という論で、考えるべきことはほとんど出ていると、福島は思う。だが、付着しているものへの人々の関心は強固だ。

「理論的なことを言っても、社会の制度や文化に影響させるには五〇～一〇〇年かかる」

その実現のために、障害者には何ができるのか。

「盲ろう者は、コミュニケーションが遅いし、ゆっくりしている。労働生産性は低い。でも生きていることは事実で、コミュニケーションや労働生産性で説明できない何かが生まれている。

がんばれば普通のようにできるという幻想を描けない人が生きていることが、理論と現実をつなぐ上での「橋渡し」の役割を担うのではないか」

人間は長く生きる、その過程で人が不可避的にまとってしまう、能力の差。それをどう取り扱うかが、これから重要になる。

「性別の差による差別はのりこえられても、能力の差と価値の連動は、そう簡単にははがせないので、たとえば、本に貼るポストイット、付箋のように必要に応じてはがすことが、人々の日常感覚に降りてくればいいなと思う」

付箋ですか！

「付箋は、だんだんよれよれになっていくしね。付箋は給料の額かもしれないけれど、いややなと否定するのではなく、「それはそれだけのこと」とはがしても、本体のページに書かれている人間としての存在や、いのちの重さは変わらない。奇跡的に存在しているものであることもね」

先端研って何?

東大先端研からの誘いは、突然だった。

二〇〇〇年春、都立大学時代の恩師、茂木俊彦から電子メールが届いた。

「東大の先端科学技術研究センターが新しい分野をつくりたい、とのことで、君に来てくれないか、という話があります」

先端研はサイエンスの科学系がベースだとメールにはあったが、文系の福島は「ほとんど何の理由もなく、自分は行くことになる」と直感した。

「先端研」――ここでは何を研究してもよい。ただし「先端」でなくてはならない。

一九九九年、岡部洋一所長は、二一世紀の先端研をどうするかを考える将来委員会をつくった。委員長は児玉龍彦教授(システム生物学)。児玉は、その年末から半年ほどかけて先端研の二〇人の教授たちと議論した。二一世紀の「先端」とは何か。児玉が回想する。

「二〇世紀は広大な宇宙へ、あるいは極微の素粒子へと、外へ外へと向かうのが最先端だった。だが二一世紀は、人間の、自分たちの内部へ、より複雑なもののなかに分け入っていくのが先端科学ではないか、との意見が多かった」

人間のなかに入る。複雑な分野に分け入るにはどうするか?

「極限まで行ったとき、些細なことが消えて本質が現れる。極限的状況のなかにいる、すばらしい人材はいないか、探したんです」

金沢大学に福島智がいた。盲ろうだが、助教授だ。上京する機会に会いたいと連絡した。

五月、福島は東京で児玉教授と会った。

業績をしめして話したはずだが、福島は会話の内容はあまり覚えていない。だが、児玉の言葉はよく覚えている。

「二一世紀は人間の内部に向かわねばならない。当然、障害をもっている人も、人間の一形態なので、障害のある人を除外した人間の科学は不自然です。他がやっていないなら、新しいことをする先端研がやるべきです」

ただ福島は、それぞれが障害にいだくイメージは違うだろうと思った。工学系の人は機械をつくる上で障害者の存在が参考になるだろうと考え、医学系の人は医療と障害について関心をもつのだろう。

それでも、これまで「健常者」から「障害者」の方向にしか向けられていなかった学問や研究のベクトルに変化が生まれるかもしれない。自分が先端研に移ることで、従来とは逆の「障害者」から「健常者」に向けたベクトルをわずかでもつくり出すことができれば意味がある。そして、自分一人の力は微々たるものだけれど、東大というフィールドから社会を変えていく「化学反応」をおこす上での「触媒」に自分がなれたら、と福島は考えた。

福島の関心も、盲ろう者だけでなく障害全般に広がっていた。

九九年には、厚生省(当時)の「中央障害者施策推進協議会」の委員になり、欠格条項の議論などもした。障害があるために、たとえば薬剤師になれない、などその後改正された差別がいろいろな法律や制度にあった。そしていまも、まだある。

研究者は現実社会と接点をもつことが必要だと感じていた。

一方、指点字通訳者とともに現れた福島と初めて会った児玉は、「びっくりしちゃった！」。指点字を初めて見た。

「盲ろうでもコミュニケーションができる！　握手して話し始めると、話題はショートショートがすきで……と人間の文化の話になった。あとは一気呵成ですわ」


東大の採用試験？


二〇〇〇年一二月、福島は先端研の教授会で短いセミナーをし、その後の投票で採用が正式に決まった。

セミナーで福島は語った。

「能力主義的な発想を批判していける研究をしたいです」

だれかが手をあげた。

「東大にしろ、先端研にしろ、能力主義の極致の部分があるけれど、それについてどう考えますか」

指点字通訳者が福島の指先に打つ。教授たちがその指先に注目する。福島がこたえた。

「能力の差があることを否定するのではなく、能力の差によって一定の処遇の差があることを否定するのでもありません。

否定するのは、能力の差とその人の存在の価値を連動させることです。連動させてしまう、人間の存在の内面にくいこむ差別的なもの、価値の序列的体系がある。障害を通して、きちんと整理して批判的に研究したいと考えます」

福島がいま、振り返る。

「もし、さらに「批判的に研究というが、能力主義と先端科学とどう関係するか」とつっこまれたら、どうしたか。

どんなに先端的な科学技術があっても、人間の能力差は存在するのであって、能力がスーパーの値札みたいにその人にはられてしまったり、そこに過度の価値付けがされたり、高い方がいいというレッテルと人間としての価値付けが連動する価値の序列の思想が強固に残っていれば、どんなに学問が進んでも、科学技術が進んでも、人はハッピーにはならない。そう答えたかなあ。

いずれにせよ、あのセミナーで私とコミュニケーションできることが理解されたのではないでしょうか」

教授たちは「盲ろうなのに」と前置詞をつけていた自分たちの考え違いに気づいた。児玉は、「二一世紀の東大が変わるという期待で来てもらった。教授会の中に障害者が入る、正面から迎え入れる。それはすごく素敵なことです」といった。

バリアフリープロジェクト

大学では、学生や大学院生に障害学やバリアフリー論についてゼミなどで教えるほか、先端研にバリアフリープロジェクトを立ち上げ、その代表として研究を進めている。

福島の着任後、東大憲章に学内バリアフリーが明記され、東大全体の物的・人的双方のバリアフリー化をすすめる「バリアフリー支援室」もできた。いま、教員・研究者一〇人、学生二〇人ほどが移動やコミュニケーションなどの支援をうけている。

福島も大学関係の通訳・介助は保障され、常時二名の指点字通訳者が支援する体制になっている。ALS（筋萎縮性側索硬化症）になった物理学の准教授にも二人の介助者がついている。「日本にも「ホーキング博士」がいるわけです。人生にはいつ、何があるかわからない。病気や障害も」と福島。これだけの支援をしている大学は国内にはない。

では、バリアフリーとは何だろうか。

車いす用のスロープをつけるとか、駅にエレベーターをつけるといったことを思い浮かべる人が多いかもしれない。

直訳すれば「障壁除去」だが、ふつうは大きくわけて次の四つの側面があるとされる。

① 物理的バリアフリー――車いす用のスロープや、エレベーター設置など。

② 情報・文化のバリアフリー――聴覚障害者用の字幕放送や、公的ウェブサイトは視覚障害者も含め誰にでも使いやすくするなど。

③ 意識や心のバリアフリー――障害を理由に民間アパートへの入居を不当に拒否することをやめるなど。

④ 法制度上のバリアフリー――障害その他の理由によって、法制度や行政の施策の上で、不合理な差別的取り扱いをうけたり、不利益を受けたりすることのないように取り組む側面。たとえば、障害ゆえに国家資格や免許が取得できないといった問題を解消するとりくみなどが含まれる。

「バリア」やそれを取り除く「バリアフリー」の営みは、障害者だけに関連しているとは限らない。

たとえば、「物理的バリアフリー」について、エレベーターがあれば、足腰の弱った高齢者や乳母車をおす人、足をけがした人にも便利だ。

「情報・文化のバリアフリー」についても、駅の券売機の表示の文字が小さく、日本語しかなければ、高齢者や外国人は困るだろう。点字がないと困る視覚障害者だけではない。「世界に開かれた国をめざすなら、多様な文化を許容する社会がのぞましい」と福島は考える。

東大のトイレ

バリアの四つの側面が複合していて、その除去が難しくなっている身近な例として、福島は「東大のトイレ」の話をよくする。

福島が二〇〇一年に着任して与えられた最初の研究室は、駒場の第二キャンパスにある先端研一三号館の一階だった。この建物は福島によると一九二九年竣工で、旧東京帝国大学航空研究所本館だったという。指点字通訳者など福島の支援スタッフは女性が多い。彼女たちがトイレへ行くのに二階にあがっているとき気づいたとき、不思議に思ってわけを尋ねると、「一階には男子トイレしかないんです」といわれた。

「私の胸が痛んだ」と福島は語る。

「東京帝大は「男」の存在しか想定していなかったということ。それだけではない。そもそも戦前は女性に参政権さえなかったではないか……」

東大が女性の入学を認めたのは、敗戦直後の一九四六年。このとき実施された入学試験の合格者一〇二六人のうち、女性はわずか一九人だった。〇七年度は学部入学生は三一五〇人で、女性は五八五人。一八・六%だ。

「建物のトイレは、「物理的バリア」に象徴された「法制度」ないし、「社会のバリア」の象徴だろう。バリアフリーの理念は障害者だけにかかわるものではない。この社会には昔も、いまも、有形無形の多くの「バリア」が構造的に存在するんです」

東大で女性が二階のトイレに行くのを知って、胸が痛む男性がどれほどいるだろう。そんなことはあたり前だと、気にもとめない人の方が多いのではないだろうか。

人類の進化とバリアフリー

福島のバリアフリー論は、トイレから大きく広がる。

「私は少なくとも、人類の進化の歴史は、困難な課題をひとつひとつ乗り越え、解決してきた苦労の歴史だったと思います。つまりその意味で、人類の歴史は、まさに「バリアフリー」の連続の歴史だったともいえる。

その課題は、寒さや猛獣、飢餓の恐怖などさまざまだった。いまも、環境問題や飢えや貧困、病の脅威に立ち向かっていますね」

そして、人類の進化を考えるとき、福島は先天的な遺伝性障害との関係が脳裏を離れない、というのだ。

「もし、人間に遺伝子や染色体レベルでの「異常」と呼ばれる突然変異がなければ、人類の多様性や、環境の激変に適応してきたかつての進化のプロセスは存在しただろうか。もしかすると、たとえば、ダウン症などの先天性の障害の存在は、人類の遺伝子レベルの多様性を育んだ進化の象徴ではないか、と。

そして、「障害」とは、人類の発生と進化にとって、最初から必然的にプログラムされていたファクターなのではないか、という感覚を抱くんです。この感覚は、おそらく多くの人が持っているであろう素朴な感覚、つまり、障害のある人を排除する社会への違和感、障害者を「のけもの」にする態度への忌避感のようなものともつながっているのかもしれない。

さらにいえば、遺伝子や染色体レベルの突然変異が原因で生じる病や障害を否定するなら、それはそのまま自らの存立基盤を否定することであり、そして人間そのものの発生の基盤の否定にもつながることにもなりかねない、と私たちはどこかで感じているのではないか、ということです」

この感覚は、盲ろう者になった一八歳の福島が、実家で療養しながらひたすら本を読み、日記を書きながら考えたことに源流がある。

八一年三月一八日の日記にすでに、福島は書いている。

〈普通の人の特殊な場合である障害者を、普通のレベルに持ってくる。すなわち、特殊性をなくし、世の中を一般化し、統一しようとする。しかしそれでは、その後に何が残るんだ？（略）

みんな一様なものからはなんの進歩も生まれない。また異なるものをただ一様にならそうとする努力からも、なんの進歩も生まれないだろう。人類にとってその本質的進歩を生み出すうえで、それを考え、実行していくうえで、多くの人類とは異なる少数のものの存在、たとえば障害者の存在には、意味があるように思う。（略）われわれは障害者である。（同時に）普通人と同じ人間である。しかし、そこに「異なっている」という意識から生まれた、（なおかつ）両者を貫く共通の何かを把握する力を持たねばならぬと思う。〉

また、福島は「私の人生がまさに、バリアという壁を打ち破るバリアフリーの歴史です」と話す。受験、通学、下宿探し、就職、結婚。いくつもの壁を破って、いま東大にいる。

バリアフリーのバリアフリー、新たな理論は

福島が先端研で新分野の名前に「バリアフリー」を選んだのはなぜか。

やや古いと思われそうな名前だが、福島の思いがこもっている。

「バリアフリーは動的で、常に現状変革を志向するエネルギーを表せると考えたからなんです。

障害という視点で既存の社会や文化、学問などを考えるのが「障害学」。そうすると、

広い意味でのバリアフリーという視点で既存の社会や人のあり方を考えるのは「バリアフリー学」と呼べるのかもしれない。「バリアフリー学」は、「障害学」の営為を含みつつ、さらに、さまざまな他の学問領域との間の「壁」＝バリアを除去しながら学際的に創造されていく、いわば「メタ・レベル」の動的な学問領域と考えたいんです」

先端研に移るとき、障害学の視点が、先端科学とどう切り結べるのか、はっきりした理論があったわけではない。当初考えたことは二つだ。

「東大というフィールドで、自分が化学反応を起こす触媒の役割をはたしたい。触媒があると化学反応を劇的に進められる。

障害という、あたかもないかのように(黙殺されて)存在していた東大というフィールドで、広い意味のバリアフリー、障害学が研究・教育されるようにしたい」

NHKの番組では「バリアフリーの意味として、大学内部での縦割りの領域のバリアフリー、大学と外とのバリアフリー、そして、バリアフリーをとりまくバリアを崩したい。バリアフリー問題が障害者に限定されているのがバリア。バリアフリーの発想をオープンにし、障害者とそうでない人のバリアを崩したい。バリアフリーのバリアフリーをしたい」と語った。

博士論文

福島研究室は、駒場の東大第二キャンパス三号館の五階にある。自動ドアが開くと、九〇平米ほどだろうか、広々として気持ちがいい。左の大きな窓から空と木々が見え、光が差し込む。

教授の仕事机はスチール製でシンプルだ。指点字通訳者たちの机とつながっていて、隣の机との隙間に白杖を置く。

研究室で．パソコンの画面に映し出されたメールを，点字変換ソフトによって変換して，手前の点字ディスプレイで読む．机上には，必需品のお茶とウエットティッシュ．義眼をふくためにもよく使う．右の机との隙間に，いつも白杖をおく特製杖置き場．左奥にいるのは，指点字通訳者の小野彰子さん．

パソコンに届いたメールは、点字変換ソフトを使って、点字ディスプレイを指で追って読む。仕事中は、通訳・介助者がいつもスタンバイしている。

こうして福島は、指先で言葉を読み、聴き、世界と交信し、パソコンで言葉を紡ぎ出す。

指先を見せてもらった。

一見ふつうに、指紋のある少し乾燥した指先。いくつもの「知」の営みがここから発信もされる。

〇八年五月、福島は東京大学で学術博士号をとった。

論文は「福島智における視覚・聴覚の喪失と「指点字」を用いたコミュニケーション再構築の課程に関する研究」。〇三年に思い立ってから足かけ六年かかった。四六〇ページにもなった。

論文では、検討対象にした一九歳までの自分を、「智」として対象化して描き、自らの人生の絶望と再生の歩みを分析した。

幼稚園の絵日記から中高時代の手記、母の日記、写真、録音などからその喪失と再生を浮かび上がらせた。神戸の実家に残されていた八〇〇本を超すテープも、阪神・淡路大震災でも散逸せずにすんだ。関係者をインタビューし、また、福島自身も研究者からインタビューを受けて、当時を思い出して資料にした。インタビューされることによって気づくことも多かった。

「だが、オリジナルなものを確立できていない。論文も自身の経験をもとに盲ろう者自身による「オート・エスノグラフィ」(自己エスノグラフィ)としての価値はあるだろうし、コミュニケーション論などに関しては、一定の理論的知見も提示したけれど、障害学に関して、理論的なもので新しいものを加えられたとは思わない」という。

「『正義論』では、能力をプールして分配すればよいとされた。しかし、それだけでは私は不十分だと思う。石油やガソリンをプールするように、生産能力を所得などの財に量的に変換・換算・再分配するだけでは、社会はうまくまわっていかないのではないか。人はもっと質的な何かを求めているのではないか。たとえば、それは、みなで一緒にやっていけるような関係性やコミュニケーションの豊かさではないか、と。

でも今いったことだけでは講演はできても論文にはまだならない。今、理論的に、また一つの大きな壁にぶつかっています。

能力とか財に代わるコミュニケーション的価値を持ち込めないか。量ではなく質であり、事実上、資源の制約はない、静的ではなく動的なもの。障害を含めて人間の豊かな生活をどう提示するか、まだ提示できていないですのでね」

コミュニケーションといのち

論文で最も伝えたかったのは、「コミュニケーションにいのちを救われたということ」。盲ろうとは「コミュニケーションで大切な「感覚的情報の文脈」の喪失」の状態だという。「相手の表情や声の調子、またそもそもだれが発言しているのかなどの「感覚的情報」がないと、本当の意図など「文脈」もわからないし、コミュニケーションが成立しない。通訳という支援によってそれを取り戻し、再生する課程をぜひ伝えたかった。

ヘレン・ケラーは生身の人間なのに、自伝や伝記では彼女の本音が必ずしも伝わってこない。

私は、自分自身を切り刻んで、ありのままを分析し、障害やコミュニケーションの意味を考えたかった」と語った。

「コミュニケイト」の語源は、ラテン語のコミュニカーレ。「単なる情報伝達だけではなく、分かちあう、理解しあう、ともに何かを行う、といった意味あいもある」。まさに、指点字とその通訳によって、福島はそのことを日々実感している。

人は一人では生きていけない。他者との関係性のなかでのみ、人は存在しうる——盲ろうになって福島が気づかされたこと、極限状態で感じた人間の本質が、鮮明に分析されている。

腱鞘炎も

作業は膨大だった。

母の日記などの資料は、まず電子データにし、点字ソフトに変換して読んだ。参考文献などを含めた資料は、フロッピーで数百枚にもなった。

パソコンの画面は点字ディスプレイという電子機器で読むことができる。しかし、あまり長い資料だと読みづらいので、頻繁に参照する重要な資料は、点字用紙にプリントアウトして読んだ。点字書では、赤線をひいたりできない。重要な箇所がすぐ分かるように、最初は付箋をつけたがとれるので、福島は自分が触ってわかるように、途中からステンレスのホッチキスで印をつけることにした。以前は、普通のホッチキスで印をつけていたが、手の汗の塩分のせいか、錆びてしまったことがあるからだ。

どこにどの資料があるかを探すのも一苦労だった。

執筆は、福島がふつうのパソコンを使って、フルキーで漢字・カナ混じり文でまず入力する。入力するときも、一文字ずつ点字ディスプレイで確認する。ひとくぎりついたら、点字ディスプレイやプリントアウトした点字で内容を確認し、必要に応じて修正する。その繰り返し作業をまずする。その上で、さらに漢字変換した文章を、支援者が確認した。

文献の引用箇所を決めるのにも、福島は全体を読まなくてはならない。点字は、斜め読み、速読、ざっと内容をつかむことができない。パソコンも一度に一行しか、指では読めない。

「盲ろうであるがゆえの、ものすごくめんどうな作業です」

点字と指点字を使う福島にとって、指は目であり耳。過酷な作業のため、腱鞘《けんしょう》炎に苦しんだ。

〇五年には「適応障害」と診断されて断続的に休養し、書けない時期もあった。

指点字通訳者、福島研究室のスタッフら多くの協力で完成した。パソコンがない時代に点訳してくれた人たちも入れると、「何百人もの協力によってできた」。

論文審査の主査をつとめた児玉龍彦教授は「二一世紀の先端科学技術とは、人間の内面に入っていくこと。盲ろう者の内側から分析したものはまれで、世界的にも、学術的にも、評価されるものです。盲ろうという極限的な状況のなかで、人間にとって本当に大事なことは何か、その本質が見えてくる。障害をもって生きる価値と、コミュニケーションの、特に単なる言葉だけではなく、全体的な環境情報が欠かせないということがよくわかる」と高く評価する。

川崎医療福祉大学の岡田喜篤《きとく》学長からはこんなメールが福島に届いた。

「この論文を受理され、評価された東京大学の見識に対して、言いしれぬ信頼を覚えました。たった一人の存在の重みをこのような形にし得たことは大きな意味があります。高度な文明の中にあって「人について、社会について、地球について」考えるべき時代に、このような研究論文が認められたことに、何か大きな希望がわいてきます。」

二〇〇一年から福島を見守ってきた児玉は、福島の今後にこう期待する。

「福島さんが適応障害になったのは必然的だったと思います。どこへ行っても一人でみんなを感動させ、テレビドラマや漫画の主人公になって……これでは、どんなに素晴らしい人でも息が抜けないし、一人では迷う。福島さんは欲張りすぎ。私は「障害者のヒーローになろうだなんて、実態はもっとセコイふつうの人間なんだから、もっと気楽に、もっと自分を大事にして」といっています。彼と並び立つ障害者の研究者をもう一人、先端研にぜひ迎えたい。人を育てるのがこれからの彼のチャレンジ。そこに至って初めて、福島さんは天命を知るということではないでしょうか」

10　仕事と研究　2
――セーフティ・ネットって何？　自立って何？――

障害者が働くこと、仕事をすること。

この本質的な意味は何か。

福島はこの問題を考えるとき、「障害者も社会の支援を受けるだけでなく、納税者になるべきだ」という主張について、趣旨は理解しつつも、何か居心地の悪さを感じる。理由の第一は、納税者になるかどうかということと、その人の価値や、人としての尊厳とは無関係だと思うからだ。もう一つは、障害の有無に限らず人が仕事をする目的は、税金を支払うためではなく、「仕事をしたいためだ」と考えるから。

たとえば、重度の障害のある人のなかには、一見通常の意味での仕事とはいえないような活動しかできない人もいるかもしれない。だが重要なことは、「通常の意味での仕事」という場合の「通常の意味」の内容自体を再検討することだ。つまり、「仕事」という概念をいかに柔軟に幅広くとらえていくかが、障害者の仕事を考える上で大切だ、と福島はいう。

生きることが最大の仕事

福島は問いかける。

「私たち障害者がなすべき「もっとも重要な仕事」とは何でしょうか」

そして、次の三つをあげた。

第一は生存すること。つまり「生きること」だ。

「生きること自体が、この世に生を受けた人間として、もっとも重要な仕事だと思います。それは最重度の障害のある人も含めすべての人にとって、もっとも意義深い仕事ではないでしょうか」

福島がそう考えるのは、光と音のない盲ろう者の世界に生きて、自分自身が無音漆黒の宇宙空間にいて、そこから地球を見ているような心象風景があるからだ。

「暗い宇宙に浮かびあがる地球は、虚無の空間にただひとつ存在する、いのちにあふれた青く輝く神秘の宝石です。地球が生まれておよそ四六億年、生命の萌芽が発生して三十数億年。いまこの惑星は生命に満ちている。六五億人の人間を含む一七五万種類の生命がいる。こう考えると、なぜ私たちがいま生きていて、この世界や宇宙の存在を認識しているのか、それ自体、理屈を超越した奇跡的なことだと思える。

人間が存在する「意味がある」とするなら、その意味は、まさにその存在自体にすでに内包されているのではないか。もしそうなら、障害の有無や、人種、男女など個人のさまざまな属性の違いなどほとんど無意味なほど、私たちの存在はそれ自体で完結した価値をもっている。

でも、私たちは日常的な問題に突き当たり、現実的な課題にとりくむとき、ついそのことを忘れてしまいがちです。

人間の存在がそれ自体に秘めた、生きているという最高度の「目的」よりも、ある個人が具有する能力や特性などの「手段」の方をより重視してしまう傾向があるのではないか。さまざまな現実的な問題にぶつかったとき、私たちにとって最大の、そして最重要の仕事が「生きること」そのものにあるという原点に立ち返りたいと思います」

私は、福島の「生きることが最大の仕事」という言葉を知ったとき、そうだ！と、何か励まされ、根っこのところで、存在を肯定され認められた気がした。

なぜ、福島はそう思ったのか。

「さかのぼると、病院での体験ですね。

原体験は病院。死と生が身近な場所にある。入院中に、前の日話していた人が次の日に亡くなる。ある人は退院していく。平和な戦場。お兄ちゃんと呼んでいた人は、小児ガンで小学校の四年生ぐらいである日、亡くなった。盲ろうになって、病院での非日常的な体験が日常になった。極限状況にいると、生きることの意味を自然に考える。私は少なくともいまは生きている。そして、いずれ死ぬ。このことだけがわかっている。死を考えるから生を考える。

宇宙への興味にもつながりますね。

私たちが生きていること自体が、天文学的な確率の、おそるべき奇跡。信じがたい奇跡でしょ。めちゃくちゃ、すごいことじゃないか！　と。

そして、あまりにも自分が卑小な存在に思える。宇宙の壮大さからみると、一瞬のひらめき、アメーバほどの存在。

しかし、それでいて、いま、私と生井さんが話しているように、他者を認識していると自分は思っている不思議。

第一が生きていることで、それが最初で最後。盲ろうになると、宇宙について考えたり、擬似的なイメージをもちやすい。

「盲ろう者の状態」が宇宙空間のようなものだとすれば、この私の生きている状態は、自分の存在の意味を考えさせられる状態なんです。たとえば、夜空を見上げた時、有史前からおそらく無数の人間が自然に対する畏怖の念とともに、自らの生の意味を漠然とでも考えてきたと思います。「盲ろう」の状態は、もちろん本物の宇宙空間とはちがいますが、それを想像させる面がある。いわば、「認識のプラネタリウム」を経験するとでもいうのでしょうか」

そして、仕事の第二は、「よりよく生きること」「より豊かに生きること」をめざすことだ、と福島は語る。

人はみな、程度や性質はちがっても、多くの苦悩や困難をもたらす諸条件を抱えて生きている。障害もその困難な条件のひとつだ。より豊かな生を実現するには、身近な他者との「相互のコミュニケーション」と、地域社会や世界の情報を入手し、それぞれがまた世界に情報を発信していくという「情報」の営み、そして、多くの他者との出会いを伴う「移動」の三つがカギになる、と福島は考える。

そして、重要な仕事の第三は、お互いに前の「二つの仕事」(生きること、より豊かに生きることをめざすこと)を支え合うということ。

福島は「他者の「生存」がしっかり守られていなければ、私たち自身の生存の基盤も脅かされるという認識を示すものであり、また、他者がより豊かな生をめざす環境が保障されていなければ、私たち自身がより豊かな生をめざす基盤も危うくなる、という関係性を示すものでもある」という。

これは社会保障や福祉の原点でもある。

これは私の実感でもある。「派遣切り」されたり、認知症の高齢者が十分なケアを受けられずに亡くなるなど、無念の思いをしている人がいる社会で、心から安心して豊かな暮らしができるとは思えない。

福島が第三の仕事を「支え合うこと」といったのは、実体験に根ざしている。盲ろうになって、通訳・介助者がいなければ、他人の手を借りなくては生きていけない、一人では生きていけない、という実感から生まれている。

そして、こうも語った。

「他者のいない世界はきわめて退屈。自分の思い通りにならないからこそ、他者の存在が必要だし、おもしろい。すべて一人で全部決めていたら、一人しかいない社会で、それはつまらないと思いますね」

福島は、障害者が働くことの意味とは、障害者が生きる意味であり、より豊かに生きる意味であり、これらの営みを相互に支えあうことの意味だという。

「同時にこれは、障害者だけでなく、あらゆる人にとっても当てはまることだと思います」

「セーフティ・ネット」に抵抗感

最近、「セーフティ・ネット」という言葉をよくきく。

二〇〇八年末からの派遣切りなどと関連して「セーフティ・ネットができていない」「機能していない」ともいわれた。雇用の議論のなかで失業問題と関連して使われ、労働災害では、障害者と結びつけて語られることもある。

国立国語研究所の日本語の言い換え語は、「安全網」。

もともとは、サーカスで綱渡りや空中ブランコなどをする人が下に落ちてもけがをしないように張られた網をさす。これが転じて、社会制度上のリスク回避に対しても使われるようになった。経済的困窮者に対して、最低限の生活を続けられるように救済する社会保障制度などをさす。

福島は、こうした意味でめざす公的な施策やとりくみは重要だと考えるが「この言葉が含むニュアンスに抵抗感を感じる」という。

「元の意味は、サーカスの綱渡りなどの曲芸で、落下してもけがをしない、最低限死なないための事後的対策として張られた網だということです。サーカスでのイメージが、そのまま社会的な文脈でさまざまなリスク対策に使われていることに違和感を覚えます」

人生は綱渡りのようなものか。

あるいは、そうあるべきなのか。

「確かに人生は、危険をともなう冒険の連続です。でも、だからといってたった一人で空中の細いロープをわたっていく、特別な才能があり、特別に努力した人が、それでもなお生命の危険を伴ってやっと可能になる綱渡りのような行為を、人生の象徴として考えるような発想は、あまりに過酷で、また排他的で、孤立した人生観だと私には思えます。

これはいわば、特別な能力のある人、成功した人だけが報われる社会であり、そうでない人は落下してもしかたがないといわんばかりの社会の心象風景だからです」

それぞれがリスクを背負って「人生という自分だけのロープ」を歩んでいるのは事実だ。

「でも、そのロープが細く、弱く危険であればあるほど、たった一人で歩むのではなく、互いに助けあうことが必要なのではないか。

多くの他者との相互の働きかけによって、私たち一人一人が歩む本来細いロープが結びつき、より合わさって、「不安定で予測不能な現実という空間」に、しっかりとした「つり橋」として、「架け橋」としてのネットを張るというイメージです。

落下した後で引っかかって止まるネットではなく、そもそも落下しないようにするためのしっかりとした足場と、手すりのあるネットであり、互いの細く弱いロープがより合わさって、強く安定した土台としての道をつくる架け橋としてのネットということです。

私はこれをセーフティ・ネットではなく、人生を他者とともに歩む足場としての道となるネット、という意味で「架け橋としてのネット」と呼びたい。架け橋の上をさまざまな歩み方と速度でともに進むことができる。

私たちの社会はこうした姿をめざしたいものです」

福島がそのネットの高さをイメージして話したことがある。

「綱渡りのセーフティ・ネットだと、何メートルも落下するイメージがある。でも、もっと綱が低く、ネットが高ければ、落ちてもそんなに落差がない。「あなた落ちたのね」「うん」という感じで終わるといいと思う」

障害者は「人生切り」に?

派遣切りの話をしたとき、福島はいった。

「失業率を考えると、たとえば、視覚障害者は三〇%、精神障害はもっと高くて五〇%、一般の人の一〇倍の失業率がある。そして作業所などの「福祉的就労」の現場には、最低賃金法が適用されない……。

そもそも、人生の土台からレールをはずされている。そうした社会の仕組みや制度に関わる現実とまなざし、価値意識の二重の意味で、障害者は「人生切り」にあっていると思う。

派遣の人たちは、職場を失うともちろん大変だけれども、仕事に戻ると収入も戻り、つまり落ちた人はダメなヤツだというまなざしを払拭できる。障害者の多くは払拭できない。本人のなかにも自分はだめだ、という意識がしみこんでしまう傾向もある。

私はたまたま周りの人に恵まれた。たとえば、石川満澄先生に目が見えないことを通して生きることの意味を考えるきっかけを与えられた。

三浦(佳子)さんを通して、苦悩の意味を、盲ろうになってまだ間もない時点で知ることができた。だから、盲ろうがマイナスばかりではなく、障害をプラスマイナスの垂直線上の評価でなく、浮上して、俯瞰してみることができるようになった。地面のうえで、平面的にじたばたするのではなく、人生には、「高さ」という要素があるんだということを学んだ」

福島のセーフティ・ネット論を私が最初に聞いたのは、東大のゼミでだった。

「当然のようにいわれていることですが、みなさんの価値観をゆさぶりたい、というねらいがありますので、あえていいます」と学生たちに話していた。

はっとした。それまで、私自身何か違和感を感じていたが、うまくいえなかった。霧が晴れた。セーフティ・ネットを政治家や研究者、ニュースキャスターたちが語るとき、それは自分を含まず、他者をながめているような視線をどこかに感じていたからだと思う。落ちた人を救うのではなく、落ちないようにするネット。また、落ちたとしてもそれほど打撃をうけない社会。人間が、人間として大切にされるあたり前の社会である。

「透明な牢屋」

「応益負担の導入は、無実の罪で牢獄にいる者に、保釈金を払えというようなもの」

〇五年三月、障害者自立支援法案による負担増について、福島は盲ろうになった自らの体験をふまえてこう語り、応益負担に反対した。この言葉は、法案に反対する人たちの理論的支柱となってインターネットや口コミで広がり、厚労省や衆参の議員会館前で座り込む人々を支えた。集会に行くと、ビラにも大書され配られていた。

福島は、盲ろうという重度重複障害のある当事者であり、全国盲ろう者協会の理事であり、東大教授(当時は准教授)でもある。そして厚労省の社会保障審議会障害者部会の委員として、政府の施策について福島ならではの問題提起をしてきた。

「従来は所得に応じた「応能負担」だったので、所得の少ない大多数の障害者には利用負担がなかったが、サービスの利用量に応じた「応益負担」になると、障害が重く支援を必要とする人ほど利用料の負担が重くなる。障害年金など収入が少ない障害者は生きていけない」と、障害のある人たちは訴えていた。

福島は、当時のインタビューでも彼らの思いを支えるより根源的な指摘をした。

「まず「益」という表現に違和感があります。トイレに行く、食事をする、風呂に入る、日常のことをするにも支援が必要な障害者がいます。そのサービスを「益だから利用料を払え」といわれているのです。障害をもって生きる人の最低限のニーズを満たすための援助が「益」と呼べるでしょうか。ぜいたくがしたいのではない。人間らしく生きる最低限の支援がほしいだけです」

そして、障害者の状況について、「透明な牢屋」と表現し、こう語った。

「実体験が根底にあります。私は九歳で失明し一八歳で聴力も失った。その時、自分がこの世界から消えてしまったように感じ、牢屋に独りぼっちなんだというどん底の感覚を味わいました。

私は指点字というコミュニケーション方法を考案し、支援も得て脱出できましたが、まだ透明な牢屋の中にいる人がたくさんいる。食事やトイレだけでなく、外出やコミュニケーションをとるための支援がなければ、魂のレベルでは生きていけない。散歩をする自由がない生活は牢屋と同じです」

最後に、障害者福祉への関心がなかなか高まらないことについては、

「障害者は国内に少なくとも六〇〇万人(当時の推計。現在は七二〇万人強)。二〇人に一人は障害があることになります。一九八〇年、国連は国際障害者年行動計画に「一部の

構成員を排除する社会は貧しく、もろい」と明記しました。日本は「貧しい」。弱い者に必要な支援をしない現状は、バラバラになっていく社会の始まりです。

その意味で、障害者の問題は、社会の本当の豊かさの実態を示す「ショーウインドウ」なんです。皆いずれ年をとるし、難病や障害をもつかもしれない。すべての人が自分の選んだ地域で、つつましくても、心豊かな人生がおくれるような社会。こうした方向に進まないと、日本に未来はない、と私は思います」

社会の本当の豊かさの実態を示す「ショーウインドウ」という言葉は新鮮だった。

その後、制度はスタートしたものの各地で反対運動が続き、政府は収入の少ない人たちへの軽減措置をして対応した。〇八年一〇月、ついに集団違憲訴訟が起きた。東京、埼玉、滋賀、京都、大阪、兵庫、広島、福岡の八地裁に障害のある当事者たち二九人が提訴した。

政府与党は〇九年二月、自立支援法を見直して「原則的に応益負担をやめ、応能負担にすることを決めた」と報道された。

福島はこれをどう評価するのか。

「一定の前進だとは思いますが、それは量的なもので、質的には変わっていない。

トイレに行く、食事をするなど生存を保障する最低限のニーズに応じる基礎的な支援は、無条件に負担をなくすべきだというのが私の考えです。そして移動、コミュニケーションのような文化的ニーズも、一定程度は無条件にサポートすべきだと思います。一定というのは、その人が必要としている社会的な活動ができるようなということです。毎日一二時間ぐらいは必要かと思う。二四時間はいらないでしょうが。

盲ろう者が通訳・介助の支援をうけられる時間は、東京都が自治体としては日本一多いが、それでも年間七〇〇時間ほどで、一日にすると二時間もない。全く足りませんね。私の場合は、大学での仕事や大学教員としての社会的な活動は、大学が通訳者による私へのサポートを保障してくれているから動けるけれども、他の盲ろう者は通訳を受けられる時間が不十分な人が多い。そして、全国的に見て、制度の水準の地域格差も大きいです」

自立って何？

福島に、「自立支援」について改めてきいた。

――審議会の委員として、最初に自立支援法案の議論をしたときや、見直しの議論のなかで、「自立」とは何か、という議論はどのぐらいされたのでしょうか。

「「自立」という言葉をめぐっての議論は、記憶の範囲では少なくとも一度はされました。委員の一人が「自立は、自活や経済的自立と同じ意味合いではなく、もっと広い意味での自立か」といったのに対して、事務局は「それはそうですね」と答えた。でもそれ以上は議論にならなかった。

ただ、「自立支援法」の考え方の根底は、経済的自立をめざすのがメインで、制度のウエイトもそこに置かれていると思う。一般就労につながることをめざすというところに、法律も制度も重点が置かれている面が強い。しかし、実際は一般就労が難しい障害者もたくさんいる。そこで、「福祉的就労」と呼ばれ、むしろ(施設や作業所に)利用料を支払って「仕事」をさせてもらっている、というようなおかしな状況になった。現在は一定の改善は見られますが、根本は同じです」

――このとき発言されましたか。

「他の人と重なることは発言しません。ただ、事務局の人との事前の話のときなどに、法案の制度設計が一般就労にバイアスがかかっていて、市場原理を導入しつつ、一方で福祉施策としてというところのロジックに無理があるとは指摘しました。きちんとした反論はなかった」

――「自立」とは何か。どう考えますか。

「いくつかのいい方がありますが、たとえば「自分の財布と相談して、今日の晩飯を何にするか自分で決め、デートの誘いができること」と私はこれまでよくいってきました。

入所施設でメニューも決まっているのは管理統制の象徴だし、デートは人との出会いがなければできない。（外出なども）人の手助けをうけながら、自分の生活を自分で決めることですね。

ただし、自己決定すること自体が難しい人もいるので、ある場面では、それが抑圧的なことになる。本来、自立とは一人の人間としての存在そのものなので、生きていること自体が自立、ともいえますね。

ただしこれは、生存への応援ととるか、ある学生は「生きていればいい」といわれるのは、重度障害の子どもにとっては残酷だといった。「生物学的に生きていればいい」と曲解されるとほったらかしにされてしまう。少しでも快適に暮らせるようなサポートをするのは当然で、文脈によって同じ表現でも意味あいが違う。経済的な自立も大事だし、バチッと定義しづらいですね。

ただ、生きていないと、自立も、共存もなにもできないので、最低限生きていることが大事。

自立は、おそらく他者の存在がないとありえない概念。「真空」のような状態の中でただ一人生きているわけではなく、他者がいるから自分もいる。つまり、実は他者がいないと自立はない。自分だけがただ一人でいるのは、存在していないのと同じなんです」

――生きていること自体が、自立とは？

「生物学的な意味の生存と、社会的な動物としての人間と、ふたつの層がある。どんな人でもそれぞれの割合で、自立度の高低がある。すごくお金があってバリバリ元気でも、戦場に置かれたら、弾が飛んでくれば生存を脅かされる。無人島に流されて、一人で暮らしている人は、いまのとは逆で、生物学的には生存しているし、「一人」で生存しているように見えるから、究極的に自立しているともいえるけれど、私は「社会的関係性の中で生きる人間としての自立」という意味では、その人は自立していないのだと思う」

――自立とは、他者とのかかわりがないとあり得ない？

「そうなんだろうと思います。盲ろうの状態になるとそれを痛感します。通訳・介助者の存在もそうだし。

(元日本兵で、戦後長くグァムとフィリピンの森の中でひとりで隠れ住んでいた)横井庄一さんも小野田寛郎さんも、島の人や部下といっしょのときもあったのでは？　厳密にいうと、かつて培ったことや、かかわった人との記憶があって、本当に独りぽっちはありえないと思う。記憶や自分の内部に他者がいる」

――福島さんは、自立していますか、と聞かれたら何とこたえますか。

「「自立」の定義をどうするかによって、自立している面とそうでない面がありますね。

もし、自立の定義が「生きている」ことなら、自立しているし、経済的にも自立はしている。しかし、もし自立を「他者の手を借りずに生きること」とすると、永久に自立できない。もっとも、この定義を採用するなら、障害がなくても、人は他者がいないと生きていけないので、ほんとうは、だれ一人自立していないことになるのですけれどね。

それと、やや感覚的な話になりますが、そもそも「自立しています」ということは、あまり自信をもっていえないですね。常に私は迷いや不安をかかえて、迷いや不安といっしょにいますのでね。まあ、生きていることが、そういうことなんでしょうね。

「自立しています」という表現は、何か居心地が悪い感じがする。

自立は、英語のインディペンデンスで、ディペンデンスを否定して、他者への依存を否定する価値観が関係しているのかもしれませんね。だけど、ディペンデンスは、「依存する」ということだけでなく、「信頼」とか「信用」の意味あいもありますから、そう悪い意味ばかりではないと思いますけどね」

——私も、あまり「自立」といわれると、何か違和感があります。

「自立という言葉の中に、他者に助けを求めるのを否定する価値観が付着しているからではないですか？」

手元にあった電子辞書の広辞苑をひいてみると、自立とは「他の援助や支配を受けず自分の力で身を立てること。ひとりだち」。例として「経済的に自立する」があがっていた。

「一般的な使われ方はそうでしょうね。

障害者自立支援法は、自立が支援できるものだとの前提で考えていることになる。にもかかわらず、支援はうけない方がいいという発想が根底に流れている。支援されることは自立の意味合いを弱める側面があると暗黙のうちに把握されているのに、他方、自立を支援するというのは、よく考えると論理矛盾ですね。

自立が、そもそも他者によって支えられるものだと考えていれば、（応益負担で、障害が重度のために多く支援される人ほど）たくさんお金を払わなければならないというロジックにはならない。なるべく支援をうけない方がいいとの価値観があるから、応益負担になる。

法律の名前からして、よくよく考えると、変な名称ですね」

盲ろうである福島の体験から出た「他者とのかかわりがなければ、自立はありえない」という言葉は、興味深い。

日本障害者協議会の藤井克徳常務理事は、「障害者自立支援法以外でも、〇四年ごろから、よく「自立」という言葉がいろんな制度に出てくるが、その定義がない」と指摘する。

「生活保護でも「自立支援プログラム」があるが、この自立は、人の力を借りながらの自立ではなく、国語辞典でいう「人の力に頼らずに独立する」ことをイメージしている。自己責任論とつながる自立論ではないかと思う。貧困も障害も、自己責任に帰着させようとしているのではないか。構造改革の考え方と符合する」と語る。

藤井はいう。

「福島さんは、盲ろうという想像を絶する情報隔絶のなかで、努力と想像、創造の力で、人間がいちばん大事にすべきところを、わかりやすく語られる。畏敬の念をいだきます。「透明な牢屋」や応益負担導入について「無実の罪で保釈金を払えというもの」という意見や主張は、単純な比喩ではなく、真理をついている。だから彼の発言はぐっとくるし、自分のいのちを削りながら生きている人たちの胸にしみるんだと思います」

福島は、法律や制度には、その社会の人間観が反映すると考える。重い病気や障害で支援を必要とする人を意味がない人とみるのか、かけがえのない人とみるのか。福島には実体験がある。

大黒柱だった父は、くも膜下出血で倒れ、意識がないまま一年八カ月後に亡くなった。福島は二五歳だった。

「母は、植物状態の父をどうしようもない人間とは思わず、それまでの父と同じ父として接し、言葉をかけ、看病しました。残り少ないかもしれない人生を、幼子のように心安らかに送ってほしいと話しかけて。

父の呼吸が乱れて調子が悪いときは、刺激を与える方法として、耳をひっぱるとよいことを発見して、実践していました。「パパの耳ひっぱるとね、呼吸がおちつくんや」と。なにか切ないけれど、おかしかった。

ぎりぎりの場面でもユーモアがあったんですね。この夫婦愛はすごいと感じました。私たち兄弟三人はオヤジは何もわからなくなってしまったと思ったのに、母は以前と同じように話しかけていました。

一年八カ月も生きたのは、母の愛情があったからで、母にとっては心の支えになったと思います。いきなり死んでいたら母は立ち直れなかったかもしれません。

この一年八カ月は父の強さ、優しさであり、母にとっては励みになったんです」

父は、母の存在を支えていた。自立を助けていた、ともいえないか。

11　仲間たち——人生は冒険

「親分、ＥＴです」

福島智は、電子メールのニックネームで、吉田正行の遺影に呼びかけた。〇七年二月一〇日、「親分」吉田を偲ぶ会が神戸で開かれ、二〇〇人が集った。

「天国では耳でなく、魂で聞かれていますね。私たちの声は聞こえておられますね。阪神淡路大震災の被害をきっかけに、逆に、盲ろう者を探し出して励ましあう活動を始められました。強さと行動力を忘れません……」

福島は語りかけた。

〇六年八月、盲ろうの当事者団体のネットワーク「全国盲ろう者団体連絡協議会」が発足した。吉田はその初代会長で、八年越しのネットワークづくりに福島とともに力をつくした。移動にも話し合いにも通訳・介助が必要な盲ろう者が自分たちの声をもっと運動に生かしたい、と設立をめざした念願の会だ。しかし直後の一〇月、がんのため五五歳で急逝した。

メールは盲ろう者に革命をもたらした。

点字変換ソフトを使えば自由に話し合える。福島が名乗る「ET」はスピルバーグ監督の映画から。人さし指の先で少年や地球の生きものと心を通わせた、あの小さな宇宙人だ。「親分」は、だれもが認めるみんなの親分だった。

街へ出る、「命がけだよ」

吉田は一五歳で大阪ガスに入り、一六歳で肺結核に。その薬の副作用から一九歳で聴力を失う。二〇代半ばから網膜の病気のため視野がしだいに狭まり、四〇代で失明した。死を思ったこともあったが、福島と出会って指点字や触手話を知り、生きる勇気をえる。

九五年一月、阪神淡路大震災が襲う。

一人暮らしの吉田のマンションも半壊した。ガス漏れは？　必死でにおいをかいだ。しょうゆのにおいがした。東京や大阪の支援者が駆けつけ、なんとか落ち着いたら、じっとしていられなくなった。

「僕と同じ障害を持つ人が、ほかにも神戸にいるはずや」

ガスが止まった街で電磁調理器と救援物資を手に、盲ろう者を訪ねる。翌年、「兵庫盲ろう者友の会」をつくり、支援の充実を行政に働きかける。

話し始める前には、いつも必ず「いいかね？」と参加者や通訳者たちに声をかける、あたたかな人柄だった。

そして吉田は、行動の人だった。市内の自宅から一人で地下鉄に乗って、友の会の事務所に通っていた！

病に伏すまえ、事務所に出かける吉田といっしょに歩いた。

地下鉄にひとりで乗る吉田正行さん．2006年7月，神戸市で撮影．(朝日新聞社提供)

吉田は白い杖をつき、地下街を進む。全神経を集中している。びっくりするから「何があっても、絶対に体に触らないように」と注意されていたので、離れてついていく。

行く手の点字ブロックの上に、雨漏りよけのさくが！　だが注意するまもなく、ぶつかって転んだ。駆け寄り、あやまる駅員の声は吉田には届かない。そして、私の声も。

吉田は立ち上がって、また杖をついて歩き出した。地下道ですぐ横を通るお年寄りや、車いすの人も、よちよち歩きの子どもさえ、凶器に見えた。吉田は見えず、聞こえないのだ。

事務所に着いてから、指点字通訳者に通訳してもらって転倒の話をきいた。

「放置自転車もあるし、あんなん、しょっちゅうよ」

よく転んでけがをするそうだ。顔や手、そして向こうずねも傷だらけ。さわらせてもらうと、左はデコボコで、右は傷のカサブタが痛々しかった。

酔っぱらいにからまれたときは、見ていた人が携帯で警察に連絡してくれた。吉田も携帯をもち、ツータッチですぐ連絡できるようにしている。

腹が立って、泣けてきませんか。

「怒りはあるけど、悔しさで嘆いたりはしない。改善することを考える。警察が来たら、せっかくの機会だから、盲ろう者のことを、くわしく聞いてもらう」

「肌が探知機」

自宅から事務所まで五つの駅がある。

どの駅で降りるのか。足の裏、ヒップ、手すりに伝わる振動で、カーブや列車の動きがわかる。扉が開くと、ほおに当たる風のにおい、向きでわかるのだといった。

「肌が探知機。人間の可能性の素晴らしさやね」

すこし誇らしげにきこえた。

ある日。地下鉄のいつもの慣れた車両に乗っていて、急に何者かに体をつかまれひっぱられた。必死で座席の枠にしがみついて離れなかった。あとで、いつもの車両が女性専用車になり、駅員が男性は乗れないと注意したのだとわかった。

駅員にひきずり降ろされそうなことが数回あり、見かねた乗客が地元の新聞に投書した。吉田の事情がわかり、障害のある本人と介助者は男性でも乗れることになった。

見えず聞こえずで地下鉄に乗るなんて、命がけでは？

「命がけですよ」

なぜ、通勤に命を賭ける？　あまりに過酷では？

福島はこれで事故死したら「犬死にだ」と吉田にやめるよう頼んだこともある。だが、吉田は私にいった。

「それはね、言葉で何というたらいいか、できることは、自分でしたいからね。そんなこと心配してたら、盲ろう者は家にいても生きてることすべてが、命がけよ。大震災のときもマンションに一人やったし。いまも、ガラスを踏むかもわからん、現にピンは踏んだし。生きてること自体が、冒険やよ」

結局、私は地下鉄での移動に三回同行した。

最初は白い杖をつく吉田に案内され、ふしぎな気持ちがした。目を閉じてみたが怖くてすぐあけた。下りのエスカレーターに乗るのに、足下から下が見えないと谷底に落ちるような恐怖を感じる。ホームで電車が来たときの風のなま暖かさ。目を閉じると、風がほおにいっそう激しく当たる気がして身がすくんだ。

吉田は経路を何度も練習して、乗る車両も座る席も決めて慎重に始めた。それでも、白杖で点字ブロックを頼りに歩いていて、ふっとだれかにぶつかって方向がわからなくなり、迷子になったこともある。なぜ、そんなにまでして一人で歩くのか。胸が痛くなった。

真の冒険とは

福島は吉田の一人歩きを心配していた。

「盲ろう者が、いつでも安心して移動できる支援制度の充実こそ、大切だ」と語っていた。

このころ、福島からメールが届いた。

私が、吉田の一人歩きを当初、すごい、と驚いたことについて、「それは、別の選択肢があるからいえるのだ」と書かれていた。グサッと痛いところをつかれた気がした。

福島は、単独歩行して交通事故で亡くなった盲ろう者を知っている。お葬式に出た、あのときの無念を忘れない。

「全盲ろう者が戸外を単独歩行するのは、夜間、レーダーもなく、前も見ないで船舶や航空機を操縦するのと同じことで、「移動するロシアンルーレット」とでもいうべき無謀な行為だ」といった。

「親分のチャレンジ精神や自分でできることをしようというスタンスには、自己の生を自分自身で確かめたい気持ちがあるのだと思います。人の世話になり、何もできなくなるくらいなら死んだ方がましだというせりふが普通に語られる社会は、非常に危険であり、有用性だけに価値を置く社会だと思います。盲ろう者もそこにからめとられてしまう図式があるのだと思います。

彼の人生での本当の冒険は、盲ろうになりながら、安易に自殺せず、また内面に沈潜・逃避せず、あえて困難な生を生ききる選択をしたこと自体にあるのだと思います。

「無力化され、価値を剥奪された自己」と向きあって、「それでも自分が生きることには意味がある」と本気で思えるとき、その盲ろう者はたとえ特別なことを何もせずとも英雄であり、冒険家になるのだと思います」

親分はすでに大冒険家だといいたかったのだろう。

吉田が亡くなる少し前、病室に見舞った福島に吉田は、指点字で語った。

「僕という存在をさわって、記憶にとどめておいてください」

そういうと、福島の手をとって、やせてつき出たほお骨とやせ細ったひざ下にふれさせた。

福島は、いまも、あの感触を覚えている。

そして、最後に会ったときは、ベッドに横たわって、ふるえる指で力強く指点字を打った。

「し っ か り い き ま す」

これは、もうすぐ「逝く」のではなく、「しっかり生きるという意味です」と。

しっかり生きる。

それは、「存分に生きて」という福島たちへのメッセージだったのではないか。

エイリアン

「東の福島、西の門川」

親分吉田が生前、福島と並んで盲ろう者運動のリーダーと期待していたのが門川紳一郎。電子メールでは「エイリアン」を名乗る。

門川は一九六五年生まれで、福島より三つ年下だ。

はしかなどにより、四歳のころから盲ろうになり、大阪市立盲学校で学ぶ。一八歳のとき、盲学校の先生の仲立ちで福島と会い、突き動かされて桃山学院大学社会学部へ。盲ろう者で大学に進学した二人目になる。

「福島智君とともに歩む会」に続いて、三年後の八四年には門川の進学を支援する「障害者の学習を支える会」が大阪につくられ、関西の拠点になってゆく。

門川にとって福島は「初めて会った生きた盲ろう者」だった。初対面で、門川は指先に福島が打った指点字をすぐ読んで打ち返し、福島を驚かせた。

浪人中に、福島の東京の下宿を訪ねて話したこともある。四時間、指点字で互いにしゃべり続けた。門川がふっともらした。

「ぼくの人生でこんなに続けて会話をしたのは……、生まれて初めてや」

福島は門川の孤独な生育歴を思い、胸をつかれた。

国際派

八七年、アメリカの盲ろう者大会に、聴覚障害の友人とともに出席したのが、門川の飛躍への一歩となる。

「最初にアメリカの盲ろう者の情報を運んできたのは門川」と福島。

「それで僕たちも八八年にアメリカの盲ろう者大会に参加して、それが日本で全国盲ろう者協会をつくる刺激剤になった。向こうの盲ろう者は手話を手で触って会話しているなんて情報は、彼がもたらしてくれた。それまで知らなかったんですから」

門川は八九年春には、盲ろう者の生活訓練などをするニューヨークのヘレン・ケラー・ナショナルセンターにも通った。当時、広げよう愛の輪運動基金が運営するダスキン障害者リーダー育成海外研修派遣事業に手をあげて実現した。安積《あさか》遊歩《ゆうほ》、樋口恵子ら、後に日本の障害者運動のリーダーとなる個性豊かな人たちを育てた研修で、盲ろう者は門川が初めてだった。

九〇年には、ろうの人たちが学ぶギャローデット大学で米国手話を手で触れて読み取るアメスラン(ASL)も学び、ニューヨーク大学大学院で「聴覚障害のリハビリテーション」で修士号をとった。卒業式のようすは、米国でも放送され、日本でも民放でニュースになったという。

九一年の全国盲ろう者協会発足時から評議員として運営にかかわり、〇四年からは国際協力推進事業情報委員もかねる。

帰国後は、大阪盲ろう者友の会の代表をつとめ、後に、盲ろう者対象のデイサービスセンター「すまいる」をつくって理事長として活動している。

福島にとって門川は「弟」のような存在だ。

門川は、大学教授であり盲ろう者協会理事でもある福島に、率直に意見をいえる数少ない一人だ。

たとえば、吉田の生前、盲ろう者の単独歩行が神戸で開かれた会議のあとの二次会で話題になったとき、吉田の気持ちも福島の指摘も十分理解しながら、門川がいった。

「でも、福島さんのいう制度の充実が大事というのは、重要だけど理想論でもありますね。人間の介助者といっしょだからといって絶対安全ともいえないしね。だから、ニューヨークのヘレン・ケラー・センターでは、たとえば万一のときに、カードに頼むことを書いて掲げて、介助してもらうとか、そういう指導もしてるよ。このカードを、コミュニケーションカードと呼んでたね」

06年8月，国連「障害者の権利条約」の審議に参加するため訪れたニューヨークで，バピンさんと米国の触手話で会話する門川紳一郎さん．(著者撮影)

私はこのやりとりに聴き入った。日米の障害者の暮らしや交通事情の違いなど、話は広がった。みんなの話を横できいていた吉田親分が「ね、生井さん、いいでしょう。議論ができるって。これも(指点字などで)コミュニケーションができるからやね。これが私の言ってた自立。コミュニケーションによって情報を集めて、自分で決めることよ」とうれしそうに話していたのをいまも思い出す。

門川は〇六年八月、国連で開かれた「障害者の権利条約」の会議に、日本の障害者団体がNGOとして参加するときも、盲ろう者協会を代表して出席した。

会議場に連日朝早くから、指点字通訳者二人とともに陣取る姿は、存在感があった。いまも多くの障害者団体が加わる「日本障害フォーラム」(JDF)で、障害者権利条約の小委員会メンバーとして、発言を続けている。

〇六年九月には、米国から、盲ろう者でヘレン・ケラー・センター職員のアニンディア・バハッタチャヤさん(三六、通称バピン)を招いて講演会を開いた。インド出身のバピンは、盲導犬と点字で読み取る「ナビ」システムなども使って、世界を飛び回る。盲ろう者のためのパソコンの指導もてがけている。

「ほんますごい。目標や」

大阪で運営する「すまいる」で仲間にメールを教える門川の夢は、福島たちとともに日本にヘレン・ケラー・センターをつくることだ。

二〇一三年には、世界盲ろう者会議が日本で開かれる予定だ。

福島は、「盲ろう者は全体の人数も少なく、社会活動や運動に関われる人の絶対数も少ない。門川さんはきわめて貴重な人材です。豊富な国際経験も生かしつつ、私と役割分担しながら、これからの日本とアジアの盲ろう者福祉を牽引していってほしい」と門川に期待を寄せる。

挑戦こそ原動力

榎本悠起枝(七四)は、四六歳で音と光を失う。「盲ろう」二八年がすぎた。

三味線の師匠として全国に弟子をもち、華やかな舞台にたっていた。子どものころから弱視だったがのびのびと育ち、耳の良さと芸で身をたて、将来は小唄を教えてのんびり優雅にと考えていた。

一九八〇年の夏の夕方、けいこからもどって洗濯物を取ろうとしたとき、ソファベッドのひじかけに眼をぶつけて崩れ落ちた。一〇日前、部屋の模様替えをしたのを忘れていた。鏡をのぞくと、どす黒い血だけがみえた。それが人生で最後に見た色になる。

入院して二〇日あまりで聴力も失う。縫い針

指点字サークル20周年の集いで三味線を弾く榎本悠起枝さん.

が床に落ちて転がる音も聞こえた自慢の耳。いまは、工場にいるような騒音が頭に響いている。

福島たちが驚くのは榎本のパワーだ。「盲ろう」になってから二年は「奈落の底に落ちて、涙涙涙」の日々で自宅にひきこもった。

五〇歳の夏、医師が手のひらに「ガ・ン」と書いた。乳がんと診断される。入院中に読む本を借りにいった点字図書館で、当時大学生の福島を支援する「福島智君とともに歩む会」のメンバーに出会う。事務局長の塩谷治の妻、靖子《のぶ》。彼女も全盲だった。生涯の友となる。「智君の会へ行って私は生き返った。死んだ方が楽になるとずっと思ってましたからね」

退院すると、ゴルフ、登山、スキー、乗馬……と次々に挑戦した。

大変な勇気ですね。

「いえ、無謀。勇気なんて甘いもんじゃない。捨て身です」

自分に向き合う時間をなくして、ただただ疲れ果てて眠る。

「そうしないと心がおさまらない。あのころはずっと、早く死にたいと思ってましたからね」

やれる喜び、やれたという自信。いまは、「挑戦こそが生きる原動力」と講演もする。

介護保険のヘルパーと、区が派遣する視覚障害者向けのガイドヘルパー、盲ろう者向けの通訳・介助者派遣事業など使える制度を最大限利用しながらひとりで暮らす。料理もする。千切りも得意で、揚げ物、炒め物も。ハンバーグとおみそ汁をごちそうになった。ふわふわのハンバーグのおいしかったこと。手際のよさに驚いた。

三味線をいまも週に一回、四人の弟子に教える。昔、「あそこへ行くとお荷物を背負い込むことになる」といって去っていった三味線の弟子もいた。だがたった一人残った弟子のおかげで、膝にひびく振動を感じて教えつづけた。

〇六年の初秋、自宅に長崎ぶらぶら節、さんさしぐれが響いた。ときおり出る榎本の「よぉっ!」や合いの手はさすが、プロ。つやがあって華やかだ。

榎本は一一年間、全国盲ろう者協会のレクリエーションの企画をした。ボランティアの学生たちを指揮し、初めての運動会、山登りも企画。「そんなの無理よ」の声をいくつも突き破ってきた。下準備に集まる学生ボランティアのために、早朝四〇個のおにぎりを握った。外出も会話も助けてもらう自分にできることは、何でもおしまずやった。全国盲ろう者協会理事長でもあった小島純郎ら協会のメンバーといっしょに、旅行にもよく行った。

福島は、「海で泳いでロープがからまったのは、私、榎本、門川の三人でしたね」と、振り返る。腰にロープをつけて、果敢に泳ぐのだが、その長さが問題。長すぎてからみ

指点字サークル20年周の集いにかけつけた塩谷治さん.

あってこんがらがったこともあった。

泳ぐのをあきらめようとした榎本に、小島が「そばにいるから大丈夫」といって、心ゆくまで自由に泳がせてくれた。不安なときは、すぐ小島の手がさしのべられた。あの喜びをいまも忘れない。

榎本が地元で始めた指点字サークルは、〇九年で二〇年になる。三月、渋谷のホテルで集いが開かれ、福島もお祝いに駆けつけた。

福島は、「私と榎本さんの共通点は、指点字が命綱だということ、そして大の食いしんぼうということ」といつもの福島流で場をなごませた。榎本は一〇〇人を超す参加者の前で、弟子たちとともに三味線で花笠音頭や大島アンコ節をひろうした。

「やる気があってこその命。人生を撤退するわけにはいかないんですもん」

はははあ、と榎本は高らかに笑った。

祝辞に立った全国盲ろう者協会の塩谷事務局長は協会の創設以来、福島や榎本たちと啓蒙活動を続け、行政に支援を訴えてきたことを感慨深く思い出していた。そして、

「我々の念願だった都道府県による通訳・介助者制度はまだ十六県にできていなかった

んですが、この(〇九年)四月から全県で実施されることになったことを、ここで御報告したいと思います」と語ると、大きな拍手がわいた。

触手話

触手話で会話する梅木好彦さんと妻の久代さん.

盲ろう者の世界で、おしどり夫婦として知られるのが、京都・丹後半島の味土野《みどの》に全盲ろうの妻久代(五九)と暮らす梅木好彦(六二)夫妻。

二人は「触手話」という言葉を使う。手話を触れて読み取るのだが、そのすてきさにはみとれる。

私が、夫妻の触手話を初めて見たのは、〇六年夏、大阪で開かれた全国盲ろう者大会のときだった。当時、まだ「触手話」を知らなかった私は、ちょうど前の席に座るふたりのやりとり、特に、好彦の真剣で、あたたかい表情と手の動きが印象に残った。あとで夫妻と知ってなるほどと思った。

ふたりは山間の一軒家に住みながら、関西の盲ろう者運動の熱心なリーダーで、単行本『見えなくても、きこえなくても。——光と音をもたない妻と育んだ絆』(主婦の生活社)でもその暮らしぶりが紹介されている。毎年の全国大会のほか、東京友の会の活動などにも勉強のために熱心に参加してきた。

久代が福島と出会ったのは一五年ほど前。大阪市にある盲ろう者の小規模作業所「手と手とハウス」に通っていたころ、福島が指点字通訳・介助者とハウスを訪ねてきた。指点字の速さと読みとる福島の落ちついた表情に驚いたのが初対面だった。

大阪には盲ろう者の友の会があったが、三年後に引っ越した京都にはない。何とか京都にも会をつくりたい！　京都の人に盲ろう者を理解してもらうために、福島に講演を頼むと、快く引き受けてくれた。「うれしかった！」。久代はいまも感謝する。

〇三年、念願の「京都盲ろう者ほほえみの会」を好彦に支えられ、仲間たちとつくってからも、研修会や全国大会などで会うと、活動や会の運営の悩みなど福島に親身に相談にのってもらっている。

好彦にとって福島は、盲ろう者との縁結びをしてくれた人でもある。

九五年、当時出版されたばかりの福島の著書『渡辺荘の宇宙人』を知人から教わって読んだ。「読者のみなさん、どうか、盲ろう者にとっての「小さなサリバン先生」になってください」。この福島の言葉に心うたれた。当時ボランティアとして通っていた作業所にいる盲ろう の男性に、初めて手書きで話しかけた。もっといいコミュニケーション法はないかと考えて、福島の本に紹介されていた全国盲ろう者協会に手紙を書き、会報「コミュニカ」を送ってもらった。大阪の「手と手とハウス」を訪ねて、触手話、指点字、点字ブリスタ、指文字(第1章参照)などいろんな方法があるのを知ってショックをうけた。

触手話は二人で体操しているのかとまちがえた。指点字はこんなことで通じるのかとふしぎだった。当時好彦ができたのは手書きと点字。少しは役に立ちたいと願い、手話から勉強を始めた。久代と出会うのは、福島の本を読んだ二年後だった。

夫妻は五〇歳を超えてから結婚し、今年九年目になる。味土野は細川ガラシャが落ち延びた地。過疎の部落は人口五人。私は〇六年秋、二人を山間の自宅に訪ねて驚いた。家はバリアだらけで、トイレも外、くみ取り式だ。ここで久代は料理、掃除など家事もこなす。

久代は幼くして聴力を失い、三二歳から視力が薄れ、四〇代後半で全盲になった。そして、視覚障害者のガイドヘルパーを始めた好彦と出会う。当時京都には、まだ盲ろう当事者の集まりがなかった。何とかつくりたいという久代の願いを好彦が支えた。

久代は、前夫との間に成人した息子が二人いる。視力を失って三五歳で離婚。自殺未遂も二度している。一〇歳の次男にすがられて我に返った日々がある。

好彦は農業ひとすじの人だ。二〇代は、武者小路実篤の「新しき村」の思想にひかれ、その後過疎の村に住みついて自給自足。仙人のような暮らしをしてきた。

好彦は、初めての通訳ガイドの日、山奥の味土野へ「来ないか」と、プロポーズした。「放っておけない気がした」。久代は、もう男はこりごりと思っていたが、手話はへただけれど、必死になって支えようとして、あたふたする好彦にひかれた。

久代は、手話の動きで夫の気持ちがわかる。元気そうに伝えても「疲れてるね」。畳に響く夫の歩き方や、ひじの動きで体調もお見通しだ。「全部ばれてね」という好彦は何だかうれしそうだ。

福島は、久代が手話の動きで夫の気持ちを察するのに感心した。「すごいことですよね。好彦さんの「ばれるのが何だかうれしい」、というのもわかる気がしますね」

冬、二人は雪に包まれる自宅を離れてふもとの町で暮らす。春になるとまた山へもどる。ふたりは通訳介助者の養成にも力を入れながら、地元の盲ろう者の自立をめざし、仲間の憩いの場つくりをめざしている。

好彦は、こんな人生になるとは思ってもいなかった。久代と会うまでほとんど笑ったことがなかった。いまはまるで夫婦漫才のようだ、と村人にいわれる。

自分たちを「カメとウサギやもんな」と好彦は笑う。どちらがカメ？

「もちろん、僕がカメ」

五〇歳をすぎて、盲ろうの妻と支え、支えられて生きるとは――。「想定外」のいまを楽しんでいる。

ヘレン・ケラーは、こんな言葉を残している。

「人生は恐れを知らぬ冒険か、無か」

日々、生きること、生き抜くことこそ冒険。この言葉を、街で生きる人たちがいる。

12 自画像――ありのままの福島智

福島智とは、どんな人だろう。

「教育テレビからフジテレビまで」をモットーにして幅広い。笑わせてナンボの関西人で、話には落ちをつけようとするサービス精神の持ち主だ。

「変なくせ」がいくつかある。

ベロンベロンに酔っぱらって帰ってくると、なぜか洗面台をたわしでゴシゴシ洗う。ときにはユニットバスまでゴシゴシ洗う！

自宅にいる時、トイレをぎりぎりまで我慢する。

「すると原稿なども浮かんできてうまく書けるんです。あとちょっと、あとちょっと、とぎりぎりまで我慢。ただ……、我慢しすぎて、間に合わないことがあって、情けないことになる……。ああ、僕は東大の教員なんかああ、と。情けないですね、これは」

〇八年末、東京盲ろう者大会の講演で語った。これが素の姿なのだそうだ。講演の副題は、「酒と涙と笑いと……」。会場は笑いに包まれた。

目をよくふく。眼球は四歳と二〇歳で摘出しているので、義眼だ。

「ちょっと「ひとふき」。たばこのかわりのようなものです。歯磨きで洗うと、スッとして気持ちいいです。あと疲れると義眼でも、押すと気分がいい感じのときがありますよね。目やにが出るのでときどきふいたり洗ったりすることは大切なのですが、必要以上にふいていますね」

必需品は、目もふくウエットティッシュ、仁丹、お茶。外出時はリュックにつめる。

イカダの上に一人

ユーモアにあふれる福島だが、「自画像」を尋ねると、こういった。

「川の流れにのってるんですね。きちんとした舟か丸太か？　イカダぐらいかなあ」

このまま下ると、海に流れ出るのか、滝に直面して沈没するのかわからない。

「盲ろうの人のために、何かひとつは役に立つことをしなさい、という流れですね。東大にいるのも、究極的には、あるいは間接的には、そのためなのかもしれないですね。盲ろうの人のために何かするのが、最終的なミッションだと思います」

なぜ自分なのか、わからない。

「大きな喜びや充実感とか、そういう高揚した感じがないですね。使命感、与えられた配役を演じている感じです」

悲壮感もない、気負いもない。やりがいがないわけではない。

「でも、へたすると「川」に落ちて溺れてしまうかも……。本来は、人並み以上に物欲、煩悩はありますし」

そして、イカダにのっているのは一人だといった。

「孤独なんですね。

何者かのシナリオにそって生まれてきて、生きている。

自分ができることといえば、せりふに、あるニュアンスを加えたり、演技の工夫をすることぐらい。

小惑星か宇宙船の中で劇をして、ある一定の方向のなかでただよっている」

小さいときからそうだった。

自分が本来いるべきところは別にあって、いま生きているのは仮の姿……。自分を俯瞰しているようなところがあった。

「パイオニア的な役割を背負う羽目になって。私は全くおもしろいとも思わないし、一日一日責任を果たし、その日の責任から解除される感じがあります。

でも、こうした感覚はかなりの人にあるのだと思う。生きることは、しんどいことだし」

最後にぐっと俯瞰して、自分だけではなく、だれにとっても生きることはしんどいことだ、というのが福島流だ。

樅の木は残った

福島は〇八年一一月、山本周五郎の『樅の木は残った』を読んで少し落ち着いた、と話してくれた。

「死ぬことは多くの場合、生きることより楽」。「生きることはつらい。でもそのときがくるまで、生きなくてはならない」と、この小説にあった。

「そうだよなあ〜と思っています。

一〇月から一一月にかけては、特にしんどくなったので、織田信長、坂本龍馬とか極限状況で生きた人たちを描いた本を読み始めたけれど、信長は途中でやめました。

ふっと、『樅の木』があったなあ〜と。小島先生(全国盲ろう者協会初代理事長、故人)が好きな本でした。

歴史のなかの、ある個別・具体的な錯綜する文脈において、本当はやりたくないにもかかわらず、自分の役割に殉じた。主人公の原田甲斐は、仙台藩の家老で、「伊達騒動」の一方の当事者。しかし、本当はお家存続に価値を置かず、市井の人の命に意味があると思っているけれど、自分に与えられたことをやらないと、さらなる苦悩を経験する人がいる、と自分の破滅的状況を予想しつつ、生きて、死んでいった」

ちょうどこのころ、全盲の友人が駅のホームで電車と接触し、大けがをする事故にあった。ある聴覚障害の若者が自殺未遂をした。二人とも命は助かったが、後遺症が残るかも知れない。直接責任があるわけではないが、特に若者については何かできなかったかと悩んだ。

「障害を生きていると、障害者の知り合いは自然に多くなる。障害者の多くは、自身や外部環境の影響で、どこかになにがしかの弱さを抱えている。どうしても、病を得たり、けがをしたり死んでしまったり、というがい然性が高いように思えます。

大学の中での組織の問題、人間関係の調整もしんどい。

個人ではない、福島智という役割を果たしている人間なので。

こんなことというと失礼にあたるかもしれませんが、たとえば、皇室の方々が経験なさっているであろう苦悩にある種の共感をもちます。

自分で選んではいないのに、あるいは選んだからこそ、役割を果たさなくてはいけない」

個性ではなく役割を問われる。

福島も盲ろうのパイオニアとして、福祉の現場や大学に、バリアフリーの風を吹き込む役割を担う。

やめるのは死ぬとき

苦しそうな声に、思わず、「それを、やめるわけにはいかないんですか」と尋ねた。

「やめられません。それは死ぬときです」と即答した。

「それが人材が少ないコミュニティのさみしさです。盲ろうのしんどさですね。

生存するのも、役目かと思っています。

でも悲壮感はない。こんなもんだ、という諦観。ある時期から、楽しいことや旅行に行っても、本来自分のやることじゃない、と思うようになりました。九一年に公的な盲ろう者の会(全国盲ろう者協会)ができたころからですね。個人として自由にはふるまえない。

プライバシーが事実上ない。逃げられないし、仕方がない。

ああ、これじゃあ、(生井さんの)本にならないかなあ」

いえ、ありのままの声こそ伺いたいです。

「川の流れの把握が正しければ、東大に来ているのは、大学関係の他にも、政官財とのパイプをつくる意味で、何者かがそうさせたのではないかと。直接の人脈が広がることの他に、たとえば、教え子が一〇年後、二〇年後にそれぞれの分野で活躍していく。そのとき、かつて私との接点があったことが、その人たちにとっても、障害のある人たちにとっても、なにがしかのプラスに働くかもしれない、と……」

弱点は、他者からの批判や攻撃、誤解されることに弱いことだ。

「非難や攻撃、誤解されても自分の役割を果たさなくてはいけないけれど、脆弱なので、その点が難しい。強くなろうと努力し、そのようにふるまってきたが、適応障害になったのも、そういうことだと思います。

ほっとけばいいことを自分でしょい込んでしまって、疲れすぎてしまう。

今後は意図的に、戦略的に、いいかげんにやろうと思うが、いいかげんといわれたり、やることをやってない、と何者とも知れぬだれかにいわれるようで。

本来、私は気の弱い人間で、処世術として(いいかげんにやることが)必要ですね」

もし、生まれ変われるとしたら?

「縄文時代にもどって、動物の狩りをしたり、貝を拾ったり、魚をとったり」

なぜ、縄文?

「縄文時代には、その時代なりの悩みがあり、煩雑さも苦悩もあると思います。ただ、いまよりもシンプルで、自分も自然でいられるような。気が弱い半面、狩人に憧れる攻撃的な内面もありますね」

福島は、ハードボイルドが好きなのだ。日本では大藪春彦、船戸与一、馳星周《はせせいしゅう》など。

「大藪春彦を読めば元気が出るのは、八二年の浪人時代も、今月の私も同じです」

絶対大学に合格しなくてはならないプレッシャーのなかで、福島が支えられたのは大藪の『蘇える金狼』。『樅の木』も私ですが、ハードボイルドが好きなのも私です。閉塞された状況で生きざるをえないからこそ、その現実をつきやぶるためのエネルギーをハードボイルドに求めるんでしょうね」

多面体プラモデル

小学生のころから、おしゃべりだった。

でも「いっても意味のないことはいわない」子だったという。親にそう教えられたのではない。

「小さいときに目が悪くなって、どうして目が悪いのか？　といっても、しかたがない、と思ったから……」

九歳で失明している。

「……泣いておられますか」と福島がいった。通訳者が私のようすを伝えたらしい。

理由はよくわからない。ただ、子どものころから、いっても意味のないことをいわない子なんて……。

涙を問われて、里みちこの詩『涙』を思い出して福島に伝えた。

「この涙は　どこから　やってくるんだろう
うれしいときや　かなしいときよりも

もっと奥からやってくる　透き通った静かな涙（略）

わたしの心の底の底　そこからやってくる涙……」

福島は指先でこの詩を聴くと、こう答えた。

「ああ、私は悲しくて、怒りで泣くことはあっても、もし、本来の自分があるとしても、それをとことん解放した経験はないです、たぶん。

本来の自分を解放したら、不安かもしれません。一度解放すると、組み立てることができない。部品をバラバラにすると元に戻らない。多面体のプラモデルとして存在しなくちゃいけないので。

転がって向きを変えられても、全体的な構造物として存在しなくちゃいけない。生きていくことは、すばらしいことだけどしんどいこと。しんどいことも経験できるのは、生きているからで。

私が複雑というより、求められている役割が多面体なので、演じている。俳優も、いろいろ演じると、自分がどこにいるか分からないようになることもあるのでは？」


神に手が……

原風景は海だという。

神戸の自宅は、明石海峡を隔てて淡路島を一望する高台にあった。庭でとれた赤いトマトをかじりながら、輝く海をよく眺めた。

近くに原っぱがあり、セイタカアワダチソウを切って、チャンバラごっこをした。くたくたになって帰る智の目の前に、瀬戸内海に沈む夕日が美しかった。ポンポンという漁船のエンジンの音、豆腐屋のどこか悲しげなパープーのラッパの音。

「……そして、どこからか漂う落ち葉を焚く匂い。わけもなく感動的でまぶしかった」

こうエッセーにもつづる「光」と「音」に満たされた時間があった。

その記憶が福島を根底で支え、また、しんどくもさせるのかもしれない。

これまで人(他人)には話していないけど、話したいことは何ですか、と尋ねたことがある。

「盲ろうになって、神に手が届くような感覚をもちました。見えない聞こえない。宇宙空間が私の側に広がっているので、手をのばせばすぐそこにある、何者かとつながっているような気がする。虚無と孤独がすぐそこにある。光と音に満ちている人も、私も九歳まではそうでしたけれど、とことん追い詰められて、究極の孤独を経験すれば、逆に自分を超越するなにかの「手」を感じるのではないですかね。

本来、一秒後に自分が存在するかどうかさえ、われわれ人間にはわからない。それは自分が自己の存在を生み出した原因になれないから。でも、自分が生まれてきて、そしてこういう状態で生かされている。これまでの私の人生も、まさにドラマのように、あるストーリーを描きつつ、不思議なめぐりあいや偶然がいくつも重なったようなできごとに出くわす。通常の信仰という意味ではなく、なにか自分を越えた存在がある、と体験的に感じます」

暗号の解読

「余談ですが、つい先日、バリアフリー映画のイベントに関わった時、たまたまヤスパースのことばに出会って、私の内面にあるものに近い印象を受けました。

その映画の中で主人公が次のようにいう場面があって。

「ドイツの哲学者にヤスパースっていう人がいてね。その人が暗号解読についてこんなことをいってるんだ。人間が限界状況にあるときは超越者が暗号を送っている。そしてそれを解読できるかどうかに人間の解放がかかっている」

「人生の苦しみを暗号だとする、解読とはそこから自分を解放する手段なんだ」……。

この「暗号の解読」というヤスパースのことばは、すごい表現だと思いました。私がどこまで自らにむけて発せられた「暗号」を解読しているかどうかはわかりませんが、その「暗号としての使命」の存在は感じます。

理念をぬきにそう感じます。

そして、虚無の真空をつくり出した何者かの気配みたいなものを感じやすいということです。私のような煩悩に満ちた人間でも、盲ろうになったばっかりに、感じる。ガラス張りの宇宙ステーションにいて、宇宙空間に浮かんでいるような感じですね。ここが地球上か、別の惑星か、次の次元かいつの時代かわからない。中ぶらりんな感覚と、何が確かか確かめたいが、確かな存在はありえない。あるのは働きと関係性のみ」

指点字通訳をうけていてもそうだ。

「その場に物理的に一緒にいても、通訳をうけていてもそれぞれが感じている「温度差」みたいなものがある。盲ろうもそうだけれど、人間それぞれが同じように孤独な思いをもっている。それが盲ろうだと、増幅される。

普通の人間はそのことに気づかないで、事態が深刻になっている。他者との間には、本来決定的な「溝」があることに、人は気づきにくい。でも、その「溝」があるから、他者と繋がろうとするのですけれどね」

人間のそれぞれがもつ思いが、盲ろうだと増幅される。福島は私たちの内面を、鮮明に映し出しているのかもしれない。

嫉妬について

福島にどうしても尋ねたいことがあった。それは、嫉妬など否定的な感情をいだくことはないのか。それについてどう思うか。ずっと福島にきいてみたいと思っていた。男女の嫉妬や、盲ろうという極限状態での他者との関係もある。そこに人間のドロドロした思いはあるのか、ないのか。

〇九年二月一一日の休日、山形への講演に同行した帰り、羽田空港から福島宅へ送るタクシーのなかで、そのチャンスがめぐってきた。

「それはないです。意味がない」

だれもがもつ感情では、と重ねて問いかけると、自宅直前で、「もう少しお話しした方がよさそうですね」と、近くの「スナック」に通訳者と出かけて話してくれた。夜一一時過ぎで、ほとんどの店は閉まっていた。カラオケの「浪曲子守歌」がひびく暗い店内で(福島はいつも暗闇のなかにいる、演歌も聞こえない)、福島はバーボンのアーリータイムズを頼んだ。

「嫉妬は、たとえば、自分の恋人か配偶者であれば、所有するという感覚とともになってあらわれるんでしょう。私にあるかないのか、わかりませんが、自覚的にそうやなあと、思ったことはない。

うらやましい、と思ったことはない。うらやましいと思った瞬間、私の存在が消えますから。

見える、聞こえるをうらやましいとすると、生きていられない。どうにもならないです。「これさえ」なければといっても、ひとつではない。見えなくて聞こえないので。盲ろうとは、これ(ひとつ)「さえ」という助詞さえ使えない。そういう感情を殺しているんじゃないですかね、無意識のうちに」

初めてふれた感情だった。「成功物語はうそっぽいから、私の痛いところをもっとついて」と質問のつっこみ不足を指摘された。

なぜ生きてるんだ!

福島さん自身、自分に疑問をもつことはないですか。

「ありますねえ。

何で生きてるんだ！　我々の存在とは、何か。

しょせん、宇宙の中の元素の配列の揺らぎですよね。なんやねん、我々は……と思いますね。

だけど、なんやねんと思いながら、何か意味があるんやろうと……」

福島はこうもいう。

「宇宙の歴史が一三七億年、われわれの太陽ができて五〇億年。人類は歴史を刻んで一万年たっていない。あと一万年生き延びたとしても二万年。五〇億年と二万年で、二五万倍。五〇億年前、宇宙のどこかに人類のようなのがいたとしても、二五万の区切りでつぶれたり発生したり。五〇億年後にはわれわれの太陽は膨張して、死に絶えるから、当然地球も滅亡するのはわかっている。完全に灰になるんです。大いなる存在がいて、何かわからないけれど、いつのまにか、大まかな脚本を出されて、好きなように演じなさいといわれて、それぞれ演技する。あるとき、途中で呼び出されて、おまえの出番はこれで終わりといわれて、終わる。受精後、せいぜい生きて一〇〇年。しかし、私たちはその中で何かをしなくてはならない」

福島の真骨頂は、無念や切なさを挑戦のエネルギーに変える底力、そしてユーモアだ。

「未知の惑星に不時着した。音もなく何も見えない、どうやって生還する？」

極限にいる自分を眺め、おもしろがる。幼いころからSFと落語が好きなのだ。

小松左京の『日本沈没』『果しなき流れの果に』など、福島の好きな作品は、極限状況で人がどう生き残るか、人間にとって何がいちばん大切かを壮大なスケールで描いている。

宇宙の無限の時の流れからみれば、人の一生は一瞬のまぼろし。その儚《はかな》さに、逆に救われる。

13　子どもたちへ――福島流「生きる哲学」

福島は、小学校で子どもたちに話したり、中学生に人生のメッセージを届けたりしている。その言葉はやわらかく、福島流の生きる哲学でもある。

人生というテストの点数

二〇〇六年五月九日、先端研に、富山市立杉原中学校三年生七九人が修学旅行で見学にやってきた。福島が会う予定だったが、体調を崩して出席できないため、盲ろうの榎本悠起枝たちが対応し、生徒たちの質問にこたえた文章を渡した。二〇〇五年三月、適応障害と診断され、断続的に休んでいたころだった。

中学生は、人生や生き方について福島に率直に尋ねている。

Q　福島先生のように人生をいきいきと過ごすにはどうしたらいいですか？

福島　私が人生を「いきいきと」過ごしているかどうかはわかりませんが、盲ろう者になってつらかったとき、そしてその後の人生において、私に生きる上での力を与えてくれたものはいくつかあります。その代表的なものは、

① ユーモアのセンス
② 常識にとらわれない自由な発想
③ 自分の存在、つまり自分が生きていることには、なにか必ず意味があるにちがいない、と確信すること、の三つです。

Q ものごとの考え方や気持ちの持ち方を教えて下さい。

福島 Ⓐ ものごとの考え方について

大切なポイントはいろいろあると思いますが、たとえば次のようなポイントはとくに重要だと思っています。

a いろいろな角度から考える

仮にみなさんが富士山を見るとします。同じ富士山でも、自分のいる場所や天候などでその姿や見え方は無限に変化するでしょう。それと同じように、一つのできごとや物事について、ある一方向からだけ見て簡単に決めつけるのではなく、最低二つ以上の角度や視点から見つめ、考えることが大切です。

b 自分はなにも知らないということを知ること

どんなに勉強して、どれほど偉大な学者となった人でも、その人が知っていることは、

その人が知らないことよりもごくわずかです。世界はそれほど複雑であり、多様であり、人の人生は未知のことや不思議なこと、わからないことにあふれています。ですから「自分には知らないこと、わからないことがあまりにも多い」ということをまず知ること、そして、でも、だからこそ、他の人や自然や社会のあり方などについて好奇心を持つことが重要なのだと思います。

たとえば、宇宙はおよそ一三七億年前に誕生し、現在まで膨張を続け、今は一〇〇〇億から二〇〇〇億の恒星をもつ銀河がやはり一〇〇〇億から二〇〇〇億ある、といわれています。

でも、「なぜ宇宙は存在するのか?」という問いに答えられる人は、まだだれもいません。

つまりぼくたちがこの宇宙に存在する理由をだれも知らないのです。そう考えただけでも、ぼくたちが生きていること自体がとても不思議であり、奇跡的なことであり、尊いことなのだということがわかります。

Ⓑ 気持ちの持ち方について

とても難しい質問ですね。おそらく生きていく上でどんな「気持ちの持ち方」が大切か、という問いなのだと思いますが、もしそうだとすれば、これは人によって、それぞれ答えは違うと思います。

人間は一人一人、個性も性格も違いますから、「気持ちの持ち方」もいろいろあってよいと思います。その上で、私が大切にしたいと思っていること、あるいは私が自分に言い聞かせていることのいくつかを列挙してみます。しかし、これは「正解」などではありません。あくまでも私の場合はこうです、という参考までの例です。

a　過去は変更できない、変えられるのは現在から未来だけ

「あの時、ああしておけばよかった……」とぼくたちはよく悩みますが、過去は決して変更できません。過ぎ去ったことについて、いつまでもくよくよ悩むのではなく、変更できる、あるいは自分でつくり出していける「現在から未来」の時間をより大切にしたいものです。

b　自分を好きになる

だれかを好きになることはとても素敵なことですが、まずだれよりも自分自身を好きにならないといけません。自分を好きになれないと、他の人のことも本当に好きにはなれないからです。

c　人生で重要なことは人生そのもの

人生で大切なことや、ものはたくさんあると思います。みなさんだったら学校での成績も、クラブの活動も、友だちとの関係も、進学も……、とこれらすべて大切でしょう。でも本当に、本当に重要なことは、おそらくたった一つだけで、それは「生きるこ

と」、つまり人生そのものです。

そして、自分が生きることが大切であれば、当然同じ人類である他の人が生きることも大切です。

逆に言えば、「生きること」ができていれば、「人生というテストの点数」は、それだけでももう九〇点くらいだと私は思います。

他のいろいろなことは残りの一〇点くらいのことです。小さなことにくよくよせずに、自分の人生の主人公は自分だという気持ちで思い切って生きてください。

今日は見学にきてくださってありがとうございました。そして、病気のために私が出席できなくて申し訳ありませんでした。どうぞみなさん、それぞれ元気で生きていって下さい。

見学会で配られた福島の文章を読み、中学生たちの表情をみて、私は胸があつくなった。

「生きること」ができていれば、「人生というテストでもう九〇点」。何かができるからいい子、かけがえのない存在なのではなく、ありのままでよい、という存在への肯定が、あたたかい。何よりの生きる励ましに思えた。そしてこの言葉は、福島が自分自身にも言い続けてきたことなんだと感じた。

人生は自分で決めるんです

二〇〇八年一〇月三日、東京都目黒区の宮前小学校での講演は体育館で。三年生以上の二三〇人が床で、ひざこぞうをかかえて聞いている。

福島はまず、小学校の三年生で見えなくなり、高校二年生で耳も聞こえなくなったことから始めた。

「何もわからない状態で、体より、気持ちが苦しい。心がとても苦しかったんです。コミュニケーションは最初は点字の筆談でね。他の人とのやりとりや会話がなくなることは、とてもつらいことなんだと思いました。

ぜひね、みなさんも、のけものにされている友人、話しかけても返事しなくてポツンとしている人がいたら、それはすごくつらいことなんだと、想像してほしいです」

宮前小学校では、四年生で点字を学ぶ授業がある。子どもたちが自分で名前を打った手紙を渡すと、「あっ、たなかくんね、ありがとう」。福島が握手して頭を下げた。

「目覚ましは、「電気あんま機」をまくらの下に置きタイマーをつけて、そのブルブルッの振動で起きる」など暮らしのようすも話した。

「私の本職は、東大で学生に授業をしたり、論文の指導をしたりしています。東大の学生は、それまでにほとんど障害をもった人と接したことがない。この会場にも一人車いすの人がいるね。外から見てわからない障害や病気の人もいるかもしれない。障害がなくても、とてもつらい経験、悲しい思いをした人がいると思います。お互いの心を開いて、語りあうのは大切なことです。

とくに難しいのは、相手の話をゆっくりきくこと。しゃべることは簡単なんです。僕自身、いまでも難しい。

友だちの話をゆっくりきくこと、つらそうなようすをしている人や、心に傷をもっている人の話をきくことは、すごく大きな意味があって、社会に出ていくときに、大切な財産になります」

この日のテーマは「自分の夢」。

「僕の夢は、宇宙人に会いたいんです。宇宙人と地球人がコミュニケーションしたら、地球人の小さな考え方がガラッと変わるかもしれない。

ふつうの人間は、紫外線も赤外線も見えない。電波も、超音波も。紫外線という波長の短い光がみえる宇宙人からみたら、地球人はみな障害者、目が悪い生き物だということになる。それと同じように、肌の色が黒い白い、太ってるやせてるとかの違いは小さなこと。地球の、東京の、この目黒区の、自分の周りの小さな問題でくよくよして悩んでいる。

宇宙人と会って地球を眺めてみると、いかにちっぽけなことで自分が悩んでいるかがわかる。

伝えたいメッセージはね。両親や先生の話は、参考までにきくのはいいけれど、僕自身は半分ぐらいしかきいてなかったけれど、あとは自分で考えて決めること。

先生がいったことがおかしいと思ったら、「どうして？」ときくことが大事。それに「どうしてだろう」といっしょに考えるのが、いい大人です。

いずれ、みなさんは大人になります。あと一〇年でね。両親や先生はいろんなことを心配してアドバイスするけれど、でも最終的には自分で決めるんです、自分の人生は。周りの人がああいったから、自分の人生がだめになったという考えは、しちゃいけない。それは卑怯です。大事なことは、自分で自分の人生を切りひらくこと。

もうひとつはコミュニケーションをする。

ね。でも、自分勝手に決めて突っ走るのではなく、友人や周りの人とコミュニケーションをする。その両方が、みんながいい人生を送っていくヒントだと思うんです」

最後に、福島は体育館のピアノで『翼をください』をひいた。「すご〜い」と感心する子どもたちに「聞こえていたときの慣れの問題なので、そんな、自慢できるようなことじゃありませんよ」とほほえんで答えた。

驚いたのか、いっしょに歌おうよといっても、子どもたちはあまりのってこなくて、体育館に福島のピアノと指点字通訳者の女性の歌声が響いた。

福島はがっかりするのかと思ったら、校長室で笑っていった。

「いやぁ、子どもたちへの根回しが足りませんでしたねぇ。ここに来るタクシーのなかで急に思いついたからなぁ」

近畿大学附属新宮中学校の生徒たちと．福島の隣は指点字通訳者の西田倫実（さとみ）さん．

もし、目が見えたら

〇八年一〇月九日には、和歌山県新宮市からやって来た近畿大学附属新宮中学校の一年生四一人と、東大の本郷キャンパスで授業の前に会った。

何でも質問してください、というとこんな問いがあった。

「もし、目が見えて耳が聞こえたら、いちばんしたいことは何ですか」

「難しい質問だなあ」とうなって、福島はこたえた。

「見えなくなる直前、小学校の三年生の二学期にね。その年の誕生日には、天体望遠鏡を買ってもらうことになって。クリスマスがぼくの誕生日なんだけれども、でも三学期には入院してそのまま見えなくなって、二度と星が見られなくなったのが、さみしいことの一つなんです。

宇宙に興味があるので、そうだ、天体望遠鏡で星を見たいですね。

僕は結婚しているので、奥さんの声を聞きたいか？　という人がいるけれど、あまり思わない。いま聞こえるようになって、声が僕の好きなタイプでないと困るぅ……から、答えは保留です」

引率の先生が、ストレス解消法は？　と尋ねた。

「昔から趣味は、ときかれると、遊びの本を読むこと、飲みながらコミュニケーションすること、寝ること。くたびれた、サラリーマンのオヤジと同じです。ははぁ」

あきらめていたら人生終わっていた

進学や受験についても話した。

高校二年で全盲ろうになり、東京の盲学校に復帰する直前、入院先の病院に担任の塩谷が訪ねてきたときの話だ。

「先生は「君は大学に行きたいんだろう」と、指点字を使って、ゆっくりね、僕におっしゃった。僕が「はい、そうですけれど、聞こえなくなってどうしたものか迷ってます」というと、「受験が希望なら、やるだけやってみたら。我々も応援するからチャレンジしたらどうか」と。

僕は「でも、大学に入ったあとはどう勉強を続けるか、卒業できるか、その後どうするか。いろいろ心配です、不安です」と、先生にぶつけたわけですね。先生は「心配してもしかたないよ」と。日本で盲ろうの状態で受験をした前例がないということは、日本の社会自体が壁になっている。でも、どんなことにも最初がある。大昔からいまの社会があった訳ではなく、学校にも最初があった、そう考えると、自分が最初になればいいと、気持ちを切り替えました。

うまく行かなかったら、そのとき考えたらいいかと。いろんな人の応援をうけながらいろいろありましたが、いま、ここ(東大)で仕事をしています。

いま思うと、盲ろうになった最初の時点で「これで終わりだ」と思っていたら、僕の人生は終わっていた」

生きていてよかった

福島は、〇八年五月には母校の神戸市立舞子小学校を訪ねた。ＮＨＫ教育テレビ「ようこそ先輩」の収録で、二日間、六年三組の子どもたちと過ごした。九歳で全盲になって盲学校に転校したので三年生の途中までしか通えず、切ない思い出もある母校だ。

「三六年後に訪ねるなんて、奇跡的ですよね」

忙しいなか、ひきうけたのは、自分の原点を改めて見つめたかったからだ。

「いちばんどん底に落ちたときに、なぜ死ぬとか自殺を考えなかったのか。生きる上での原動力は何かを、子どもたちと語り合うなかで再確認できればいいかなと思ったんです」

子どもたちに、ある日、目が見えず、耳も聞こえなくなったらどんな気持ちがするか日記を書いてもらったり、給食の時間にだれともおしゃべりせずに食べたり、盲ろう体験もしてもらった。

福島が尋ねる。

「見えなくて聞こえなくなったら自殺する人がいると思う?」

うなずき、手をあげる子どもたち。

「自殺を考えた人は多いんですね。実際した人もわりといて。つらさ、悲しさ、しんどさの中身って、何だと思う?」

子どもが手をあげて答える。

「家族の顔が見えない」

「自分の声、顔が見えなくなる」

福島が答える。

「僕は小学校三年生のとき見えなくなったので、九歳のとき洗面台に映った自分の顔を覚えているけど、それ以外はわからない。盲ろうになっても点字のトランプがあるからできる。でも楽しくない。周りの人がわぁーとかいったり、おまえアホかとかいうのがわからないから。瀬戸内海に沈む夕日や星が見えないこと、音楽ができないことも悲しいけれど、コミュニケーションできないのが(いちばん)つらい。給食のとき話さないとわかるでしょ」

「絶望のどん底で考えたのは、自分の人生にとって苦悩には意味があると、自分に思い込ませたこと。どん底だからしんどいけど、将来自分の人生を輝かせるにはこの苦悩を経験しないといけないと言い聞かせた」

「苦悩の意味って？　孤独、宇宙のなかにひとりぼっち、それが私にとっての苦悩の意味です。

だからこそ、他の人とつながろうと思う」

子どもたちが見つめている。

少女が福島に尋ねた。

「人生のなかで、いちばんよかったことは何ですか」

福島は虚をつかれた。うーん。つらいことを聞く子は多いが、いちばんよかったこと、それも枕詞に「人生のなかで」がついている。想定外の質問に、福島は珍しく沈黙した。

「それ、むつかしいなあ……。いちばんよかったことは……、……僕が生きていること。これは本当に奇跡的なこと。いまこの瞬間、僕と君は話してるよね。それは、生きてるから。生きていてよかったなと、それがいちばん」

福島はそう答えていた。

どんなことがあっても、生きていてよかった。目が見えなくても、耳が聞こえなくなっても。いじめられても。適応障害になっても……。それは苦悩には意味がある、と自分に言い続けてきた福島から、子どもたちへの希望のメッセージに、私には思えた。

「ある時突然、何かがおきて、何かを奪われ、誰かを失って、挫折して……と、さまざまな苦労がだれにでも訪れる。それでもやっぱり「生きているって悪くないな」「人生はいいもんだ」と思えるかどうか、ぼくにとってはそれが魂の平安だと思っています」

かつて私が福島から聞いたこんな言葉がよみがえってきた。

あとがき

伝えたかったことはただひとつ。

この世にいま、「福島智」という人が生きていることです。

大切な人とも別れ、だれもがいつかはこの世を去らなくてはならない。でも、それまで、何とか生きてゆこう。福島さんに出会ってしみじみとそう思えるようになった。「心の芯が凍りつくような魂の孤独」をへて、いまも困難のなかを、福島さんがこの世に生きていてくれるのだから。

初めてあいさつしたのは〇三年春、「福祉と医療・現場と政策の「えにし」を結ぶ会」の二次会だった。

メールでやりとりを始めたのは〇四年一一月。

ヘレン・ケラーの言葉「人生は恐れを知らぬ冒険か、無か」について記事を書くカナダ出張を前に、出典などを調べていたときだった。

翌日、さっそくその手がかりと、この言葉をどう考えますか、との私の問いにていねいな文章が返ってきた。早い。深い。わかりやすい。メールで直接やりとりできることに感激した。それはこんな風に始まった。

〈冒険の内容や質が重要だと思います。能動的で自己決定にもとづく冒険なのか、それとも強いられた試練としての「冒険」なのか……。障害そのもののことではありません。障害そのものは人生を生きる上での条件の一つなので。それよりも周囲によって、社会によって彼女が求められた「冒険家」としての役割が、はたして彼女を幸福にしていたのかどうか、ですね。（略）

結婚を考え駆け落ちまで計画した相手がいたのに、周囲の無理解で妨害されていますね。彼女の自伝とか伝記をみるたびに、「ああ、しんどかったろうなあ」と思いますね。「聖女」であるよりも前に、彼女は「普通の女性」として「普通の市民」として生きたかったのではないかと思います〉

〈私はヘレンとはスケールがちがいますが、やはり「歴史的な役割」を感じていて、それで息苦しい、きゅうくつな思いをすることも多いですが、ヘレンよりずっとわがままに、ずうずうしく人間ができていますので、関西人的バイタリティーで、「そんな使命など知るか」という反発も発揮して、どうにか内的バランスを保っています〉

いま読み返すと、その後の福島さんへの取材の要点がふくまれていて、感慨深い。二〇〇五年三月、障害者自立支援法案についてインタビューをし、のちに朝日新聞夕刊一面の連載企画、ニッポン人脈記シリーズで、障害とともに生き、人生を切りひらく人々を紹介する「ありのまま　生きて」(全一二回)で福島さんや盲ろうの人たちを三回紹介した。

この新聞取材をもとに、追いかけ続けてきた。

福島さんに人をどう認識するかと尋ねたとき、その人の自発的な言葉、他の人と話していることを聴くとなおよい、といった。私もこれにならった。

ふつうのインタビュー以外に、福島さんが他の人といる場にできるだけ同行させてもらうようにした。どんな場面でもよい。厚労省の社会保障審議会障害者部会、全国盲ろう者協会の会議、大学院のゼミ、学部の授業、講演会、東大の経済学と障害学の研究会、各地の盲ろう者のつどい、飲み会などなど。

ストレス外来、内科、皮膚科の受診にも同行させてもらった。ハリ治療院では、ステテコ姿の福島さんがベッドに横たわった。治療するのは盲学校高等部の先輩で、ここでは最近の風俗事情から国際経済までが話題になり、ひとつの情報収集の場であり息抜き、ぼやきの場でもあった。「美談にしないように」とくれぐれもいわれた。「私は悪い男です」といつものユーモアでくるみながら。

できるだけ質問を控え、福島さんの自発語を待った。

のべ何時間話を聴いたかは、もうわからない。講演は一〇回は聴いた。同じ話を何度も……と恐縮されたが、落語の名人ではないが、何回聴いてもおもしろかった。それは、聴衆にあわせて工夫し、さらに質疑応答こそ本領発揮だからだ。ベロンベロンに酔って帰ると洗面台をたわしでゴシゴシ洗うとか、思わぬ話が楽しかった。

本業の仕事の合間を縫って、大学院のゼミは、遅刻早退になってもできるだけ出席した。二〇代から七〇代までのメンバーとのやりとりは興味深かった。

インタビューは研究室や講演先などのほか、出張の飛行機のなか、タクシーで移動中も。そして、深夜のスナックでもあった。暗い店内で指点字通訳者が通訳してくれる。「聞くならいまですよ、生井さん」「突っ込み不足です」などといわれながら。カラオケで常連客が演歌を歌い続けているので福島さんの声が聞きとりにくいが、指点字はこんな環境でも威力を発揮した。

メールはきょうまでに四二二通いただいた。事務連絡も多いが、メールは、通訳者を介さずに直接話ができるので、ありがたかった。胸に残る言葉がいくつもあって、宝物だ。

福島さんや盲ろうの人たちの取材をして、つぶれそうなこともあったけれど、勇気づけられた。どんな困難にあっても、大切な人との別れや失業などさまざまな喪失があっても、必ずやってくる自らの死まで、自分の人生をあきらめず、なげださず、へこたれずに、ありのまま、生きぬくことこそ、冒険！　そう気づかされていった。

本業の記者をしながら、書き下ろしで本を書こうなどと何と無謀なことを始めたのか、自分でもふしぎだ。ヘレン・ケラーの言葉がきっかけの出会いで、私も、福島さんを書く、大それた冒険に出てしまった。でも、楽しかった。福島さんのユーモアに何度も笑いころげた。悲しいことや切ないことも多いけれど、生きてるっていいな、と取材をしていて感じた。

取材することは自分と出会うことでもある。私の中にある偏見、差別、偽善……。へこたれ、へたりこむ。でも、福島さんの前では、ふしぎにありのままでいられた。繕ってもすべてお見通しだ、という安心感とともに、福島さんもあえぎつついまを生きる生身の人間だと知ったからだ。

初めてインタビューした〇五年春からちょうど四年になろうとしている。

福島智という存在、そして、「黙殺」されてきた「盲ろうの人たち」のことを少しでも知ってもらいたくて、細々と続けてきた取材がようやく形になりそうで少しほっとしている。魅力の全貌を伝え切るのはとうてい難しいが、極限状況にいる福島さんは、人間の本質を映し出す鏡である。読んでくださる方の内面と響きあう言葉がこの本の中にきっとあるに違いない、と信じている。

あとがきをチェックしているいま、福島さんからメールが届いた。「盲ろう者のための支援センターが全国の自治体で初めて、東京都に発足することが決まった」とのニュース。福島さんの「使命」が一歩前進した。うれしい春だ。

たくさんの方々にお世話になってようやくここまできました。

まずは、膨大な時間とエネルギーをさいて取材に応じ、すべてにご協力くださった福島智さんに、心から感謝申しあげます。ありがとうございました。お母様の福島令子さん、妻の光成沢美さん、甲賀佳子さんには、特に大切なお話をうかがわせていただきました。そして塩谷治事務局長はじめ全国盲ろう者協会の方々、東大先端研の児玉龍彦教授、福島研究室、指点字通訳者のみなさまにも大変お世話になりました。ありがとうございました。

福島さんとの出会いのきっかけをつくり、貴重な助言をくださったのは新聞記者の大先輩、大熊由紀子さん(国際医療福祉大学大学院教授、「えにし」を結ぶ会の縁結び人)、新聞連載時に鍛えていただいたコラムニストの早野透さん、人脈記班の橋本聡デスク、見守ってくれる先輩・同僚に深く感謝します。西野流呼吸法の創始者、西野皓三先生に出会って、深い呼吸によって心身が蘇ることを実感しなければ、この本を書く気力は続きませんでした。西野先生とのご縁を結んでくださった大先輩の飯塚眞之《まさゆき》（元朝日新聞編集委員）、道子ご夫妻に改めて感謝申し上げます。写真はカメラマンの中井征勝《まさかつ》さんに何度も大変お世話になりました。岩波書店の清宮美稚子さんには、最後の最後まで忍耐強く伴走していただきました。そして、私事ですが、母や妹たち女系家族に。一足先に旅だった父に。その存在に感謝します。

ここまできて、著者は生井久美子になっていますが、私「も」、本づくりの一員に加えてもらったというのが、ありのままの気持ちです。何か大きな力に導かれていま、ここにいる、そんな思いです。

この本が、一人でも多くの人の心に届きますように。そして、一人でも多くの人が、生まれてきてよかったと思えるこの世になりますように。一冊の本が何かのお役に立てれば、幸せです。

二〇〇九年四月、たくさんの出会いに感謝して

生井久美子

岩波現代文庫版あとがき

あの日から、ちょうど一〇年が過ぎようとしています。

福島さんに東京大学先端研で初めてインタビューをしたのは二〇〇五年三月。通訳者の女性の細い指が、ピアノを弾くように福島さんの指先に私の言葉を伝える。福島さんは指先で聴き、こたえてくれる。福島さんの生きる切なさとユーモアにひきこまれ、その後も追いかけ続けて、『ゆびさきの宇宙』は生まれた。おかげさまで〇九年の初版から一〇版を重ねて多くの方に手にとっていただきました。出会いから一〇年のことし、文庫本として新たにお届けできるのは、感無量です。

その後を加えて書き直す案もありましたが、もとのまま、文庫に収めました。『ゆびさきの宇宙』は、「ひとつの時代」の記録であり、福島さんや彼を支える人々の時間と思いのつまった、「ひとつの物語」だからです。

四歳で右眼を摘出し、羽をもがれるようにして光と音を奪われ一八歳で盲ろうに。多くの人に支えられて、盲ろう者として初めて大学に進学、研究を続け、恋愛や結婚も。そして東大教授にと、いくつものバリアを突破してゆく「激動の時代」です。

でも、ヒーローではない。「苦悩には意味がある」と自らに言い聞かせ、あえぎつつ生きてきた。本来、気の弱い少年だった。二〇代の「ひどい男」の面も、四〇代で「適応障害」に苦しむことも、ありのままに伝えたかった。そして過酷ななかで、ドジをふみ、仲間と笑い転げもする。ふり返れば、出会いと冒険にみちた、かけがえのない時代だった。

文庫版の年表に〇九年以降の主なできごとを書き加えた。福島のその後を少し報告したい。

〇九年六月、NHKの「爆笑問題のニッポンの教養」に出演して話題を呼んだ。「いつが幸せですか」と太田光に問われて、福島は「いまが幸せです」とこたえた。「その言葉にうそはなかった」と福島は振り返る。

だが、心身ともに疲れきっていた。「雑巾を絞っても、もう何も出ない。「出がらし智」ですね」。五月、念願だった東京都の盲ろう者支援センターが動き出すまでが大変だった。大学での組織や人間関係をめぐる心労もあった。休まないともう限界だ。じっくりと心身をほどき、エネルギーを補給したい。それには日本を脱出するしかない。行くなら、ヘレン・ケラーが生きた米国だ。一年間の準備期間をへて、一〇年秋、福島はニューヨークに生活の拠点を移し、郊外にある米国立ヘレン・ケラー・センターに通って、研究を深めたいと願った。妻の光成沢美と指点字通訳者の春野ももこが同行した。このセンターは、ヘレンが亡くなった翌年の一九六九年にできた、世界有数の盲ろう者向けリハビリ施設だ。日本版のセンターを創るのが福島の夢だ。

だが、翌二〇一一年二月に適応障害が再発する。エネルギーが切れるようなうつ状態がひどくなり、動けない日々が続く。

そこへ三月一一日、日本で東日本大震災が起きる。

インターネットでニュースやメールが次々に届く。津波による壊滅的な被害のようすや原発事故で避難する人々の嘆きが、パソコンの点字ディスプレイを通して福島の指先に、ジンジンと伝わってくる。ヘレン・ケラーの時代には想像できないような情報量と人々の悲嘆が、盲ろうの福島に押し寄せてきた。日本でもテレビの画面で繰り返される映像を見て、うつになった人が大勢いた。福島は画面は見えないけれど、文字から想像する、心の中の画面が大津波や災害でいっぱいになった。

東大の先輩教授からは、すぐに帰国して被災した障害者支援の先頭に立ってほしい、とメールで何度も求められた。薬は最大量を飲んでいる。「どーにもこーにも動けない」と伝えるほかなかった。忸怩《じくじ》たる思いが残った。

その後少しずつ回復に向かったが、しんどい日が続く。

カウンセラーの力を借りて、四〇回にわたって自分の内面を見つめ直した。自分のミッション(使命)は何なのか。達成できるのか。日本から離れたことで、むき出しの自分と向き合った。日常生活で覆い隠されていたものがあらわれ、これからいったいどうするのか、と思い悩んだ。

カウンセラーに指摘されたのは、もともとの性格に加えて、盲ろう者ゆえに生じる心理的境界線の曖昧さだった。相手の悲痛や苦しみに共感する。人の苦悩が我が身に浸透する。しすぎて浸食されてしまう。それが盲ろう者ゆえならば、「しんどい運命」だと思った。

ヘレンのアラバマの生家を訪ねたこと。センターでの日々。日本について考えたこと。大震災が起きて何もできなかったこと……。

「一連のことはすごく大きな意味があったと思うが、まだうまく言語化できない。整理できないものとして残っている。ネガティブな色合いを帯びた時間。だがこの時期に経験しなくてはならない時間、試練だったと思う」と福島は語る。米国での試練は「僕の人生を展開させた。次の幕へ行ったということ」という。

帰国後も、最大の恩師である塩谷治が闘病のすえ、亡くなるなど、大切な人との別れが続いた。

「二〇一一年からの三、四年は、盲ろうになった一八歳のとき以来の、もっともつらく苦しい、どん底の時期だった。試練の時期でした。死んでしまいたいと思った瞬間が何度かありました」

そんなぎりぎりの状況で偶然、福島はインターネットの点字図書館で北方謙三の小説に出会い、ずいぶん救われたという。

「北方さんの小説は、切なく、悲しい物語が多いです。たまたま、自分が大事だと思うことのために生きる。死んだ人との約束に生きる。世間的には大したことではなくても、そのために生き、そのために死ぬ。最終的にそれでいい、という生き方。私もそうありたいと願う生き方です。悲しみは透き通って、風になって消えていく、美しい透明感があるんですね。しんどい、悲しい話が多いけれど、生きる力になった」

『楊令伝』を読んでいた福島は、壮大な物語のなかで不意打ちをくらうようにある言葉に出会った。

「悲しみとともに、人は生まれてきたのだ。生まれた時に抱いていた悲しみと、死ぬ時に抱いている悲しみは、どこか違う。その違いこそが、生きていた証だ」

確かに、人生は悲しみのなかにある。その悲しみの質は年とともに変化し、それを積み重ねていくのが人生なのではないか。そして世のなかの悲しい思いをしている人たちのために何か、わずかでもできないかと思っている。しんどい状況にあった福島の胸にしみじみとした思いが広がった。

「結局、やれることは高が知れている。何ができるか心許ない、非力と限界を思い知らされる。でもやれるだけのことはやろう。研究者としても、福祉活動家としても。非力だけれど、与えられた役割をなるべく、自分自身を騙し騙ししながらやっていくしかない」

そして、「生きるか死ぬか以外の問題は、どれもたいしたことではない」と改めて気づかされた。

福島の真骨頂は、無念や怒りを挑戦のエネルギーに変えること、そしてユーモアだ。二〇〇一年、東大に福島を招くのに尽力した児玉龍彦教授は「大変な苦労があっても、どっこい生きているのが福島さんの魅力」という。「彼と並び立つ障害者の研究者をもう一人、先端研にぜひ迎えたい」と語っていた。いま「たくましい次世代が育ってきている」という。

福島たちが期待するのが熊谷晋一郎だ。福島より一五歳下の三七歳。脳性マヒで車いすを使う。東大医学部で学んだ小児科医でもある研究者だ。〇九年に先端研の福島研究室に加わった。目が見えない福島にとって、彼はどんなイメージの人物か。

「高性能のコンピューターを組み込んだ、クマのぬいぐるみですね。ちょっと太った」

こういって福島は何だかうれしそうに笑った。

聡明さと同時に、人との接し方の優しさからそう感じるのだという。

「遊び心があるのがいいですよ。大きなことをするにはゆとりがいるのでね。研究者には夢が必要。彼は学問的な野望もあるんですよね。どこに向かうのか楽しみです」

教養学部の学生向けに「障害学」の授業が定着してきた。日本でのヘレン・ケラー・センター構想など、種をまいて来たことはムダになっていない。「激動の時代をへて、これからはもう少し、落ち着いて考えなあかんのだろうな」と思う。


この間、時代は大きく動いた。政権交代もあり、障害者制度も大きく変わった。障がい者制度改革推進会議ができたとき、多くの障害を持つ人たちが期待した。だが当事者の意見を施策に生かす壁も感じた。一四年、日本は国連の障害者権利条約をようやく批准した。

「障害者を医療や福祉の対象としか見ていなかったのが、人権の観点から考える枠組みを整備してきたことは前進。ただ、その観点が現実の生活に生かされるかどうかはこれからの取り組みしだいで、前途多難」と福島はいう。政策立案過程に、いかに当事者がかかわっていけるか。シンクタンク機能をもった障害者施策研究のネットワークをつくって、研究者や党派を超えた若手政治家、官僚たちとも連携できないかと考えている。

〇九年、福島に自画像を尋ねたとき(一二章)、「川の流れにのってるんですね。イカダの上に一人、このまま下ると、海に流れ出るのか、滝に沈没するのかわからない」と語っていた。いまは、どんな心象風景なのか。

「川の流れとは違う、もう少し落ち着いている。川から海へ出たんでしょうね」とさらっとこたえた。「どこか向かうべき島、別の陸地をめざして航海している。水平線の向こうには、めざすべき陸地がたぶん、あるのだろう」

滝壺には落ちなかったんですね？

「いや…、滝壺にいったん落ちて、そこからどうにか浮かび上がって、それで海へ出たんとちがうかなぁ」

これが福島のいまの自画像らしい。

空は晴れ渡っている。海は碧い。幼いころ毎日自宅のある高台から眺めていた、あの、穏やかに輝く瀬戸内海が脳裏に浮かぶ。

「この「あとがき」は予告編で、水平線の向こうに何か待っている、という感じで余韻を持たせますか？」と福島がちょっと冗談めかしていった。

福島智を追い続ける、身の程知らずの冒険に、ふたたび出る。考えるまもなく、私は「はいっ！」とうなずいていた。

水平線の向こうへ。航海のこの先は、次の本でお伝えしたい。

二〇一五年一月、たくさんの出会いに感謝して

生井久美子

なお、本書の印税は全額、盲ろう者支援のためにお届けいたします。(生井)

本書は二〇〇九年四月、岩波書店より刊行された。

関連年表

1962	12月25日，神戸市に生まれる．
1966	5月，3歳で右目を失明．母令子が「いちごのテスト」をする．
1967	10月26日，4歳で右眼を摘出，義眼を入れる．
1968	私立舞子幼稚園入園．
1969	神戸市立舞子小学校入学．11月，義眼をはずすよういじめられる．
1971	12月，左目の視力悪化．
1972	6月退院，9歳の秋頃までにほぼ全盲に．自宅療養し4年生は登校できず．入院中から点字の勉強を始める．
1973	兵庫県立盲学校小学部に1年遅れの4年生として転入． 勉強，音楽，スポーツに励み，落語やSFドラマにも夢中に．
1974	11月，トランペットを始める．
1976	兵庫県立盲学校中学部に進む，ピアノを1年あまり習う．
1977	右耳聴力が急激に悪化，ほぼ「片耳」状態に．「目が見えんってどういうことや」と石川満澄教諭に問われ「障害と人生」について考え始める． ◆石川准氏が東大に合格，全盲初の東大生として話題になる．
1979	筑波大学附属盲学校高等部に入学．
1980	12月から左耳の聴力が落ち，自宅で療養． ◆榎本悠起枝(東京在住)が盲ろうになる．
1981	1月，石川満澄教諭に「男版ヘレン・ケラーになりそうや」と嘆く． 手記「1981年2月の俺」を友人に送る． 3月，ほぼ全盲ろう状態に． 3月上旬，母令子が「指点字」を考案． 4月，高等部3年に戻る(担任に塩谷治)，小島純郎千葉大教授，三浦佳子に出会う． 7月，三浦佳子が「指点字通訳」を初めて試みる． 11月，「視聴覚二重障害者の高等教育を支援する会」(翌年，

	「福島智君とともに歩む会」に改称)設立．代表に小島純郎．
	◆81年は国際障害者年．
1982	3月，高等部を卒業．東京で浪人し，予備校に通う．
1983	東京都立大学人文学部合格．盲ろう者で初の大学生と話題に．
	6月，左眼を摘出．
	8月，福島の進学を知った門川紳一郎(大阪在住)と出会う．
1984	◆10月，「障害者の学習を支える会(門川君とともに歩む会)」設立．
1985	◆門川が桃山学院大学に入学，盲ろう者で2人目の大学生に．
1986	7月，父正美がくも膜下出血で倒れ，入院．
1987	4月，都立大学大学院修士課程(教育学)入学．
1988	2月，父正美が死去．
	6月，門川らと米国盲ろう者大会に出席．
1989	4月，都立大学大学院博士課程へ進学．
	9月，小島らと共に第4回ヘレン・ケラー世界会議に参加(スウェーデン)，My Life and My Finger Brailleのタイトルで英語で発表する．
1991	3月，社会福祉法人「全国盲ろう者協会」(理事長・小島純郎)設立，福島は理事に．
	4月，「東京盲ろう者友の会」設立，会長に．
	8月，第1回全国盲ろう者大会開催(以後，現在まで毎年開催)．
	◆9月，「大阪盲ろう者友の会」設立．
1992	4月，都立大学大学院博士課程単位取得満期退学．
	日本学術振興会特別研究員(～94年)．
1993	9月，小島理事長らと第5回H・ケラー世界会議出席，発表(イタリア)．
1994	3月，『徹子の部屋』出演．
1995	4月，光成沢美と結婚，
	6月，福島母子をモデルにしたテレビドラマ『おふくろの逆襲』放送．母令子役を浜木綿子，福島役を松岡昌宏が演じる．
	10月，エッセー集『渡辺荘の宇宙人』を出版．
	10月，第1回盲ろう者実態調査．

◆1月，阪神淡路大震災で，吉田正行らが盲ろう者支援に動き出す．

1996 4月，東京都が自治体初の「盲ろう者通訳・介助者派遣事業補助事業」開始・母令子とともに吉川英治文化賞受賞．

7月，東京都立大学助手．

10月，点字毎日文化賞受賞．

12月，金沢大学教育学部助教授．

◆12月，大阪市が盲ろう者ガイド・コミュニケータ派遣事業開始．

◆12月，「兵庫盲ろう者友の会」設立，吉田が会長に．

1997 障害学と出会う．

8月，学術論文集『盲ろう者とノーマライゼーション』を出版．

9月，第6回H・ケラー世界会議(コロンビア)に門川評議員らと出席．

1998 10月，全国盲ろう者協会が第一生命保険相互会社より保健文化賞受賞．

1999 4月，大学での指点字通訳の大学による保障獲得．厚生省(当時)「中央障害者施策推進協議会」委員．

2000 4月，厚生省「盲ろう者向け通訳・介助員派遣試行事業」「盲ろう者通訳・ガイドヘルパー養成・研修事業」開始，国による初の直接補助金交付による自治体の派遣事業が始まる．

5月，「ありのまま自立大賞」受賞．

2001 4月，東京大学先端科学技術研究センター助教授(バリアフリー分野)．

10月，第7回H・ケラー世界会議および世界盲ろう者連盟設立総会(ニュージーランド)に門川評議員らと出席．協会が同連盟に加盟．福島が世界盲ろう者連盟アジア地域代表に選ばれる．

2002 12月，内閣総理大臣表彰「アジア太平洋障害者の10年」(93年～02年)最終年記念障害者関係功労者．

2003 4月，米『TIME』誌「アジアのヒーロー」に松井秀喜らと選ばれる．欠格条項をなくす会の共同代表に就任．

7月，妻・光成沢美がエッセー集『指先で紡ぐ愛』出版(後に

漫画化も).
◆4月，梅木久代・好彦らが「京都盲ろう者ほほえみの会」設立．全国盲ろう者協会が盲ろう者国際推進事業開始．

2004 2月，『徹子の部屋』再出演．

厚労省「社会保障審議会障害者部会」委員として，障害者自立支援法案などを審議．

9月，小村理事長らとニューヨークにあるH・ケラー・ナショナルセンターを視察(福島は3度目)．
◆3月，全国盲ろう者協会理事長に小村武・元大蔵事務次官就任．
◆10月，小島純郎死去．

2005 3月，適応障害と診断され，断続的に休養．

3月，ドキュメンタリー『情熱大陸』放映．

10月，10年ぶり2回目の盲ろう者実態調査始める(06年3月終了)．


2006 3月，テレビドラマ『指先でつむぐ愛』放送．福島智役を中村梅雀，光成沢美役を田中美佐子が演じる．

8月，全国盲ろう者団体連絡協議会(会長・吉田正行)設立．

9月，鳥居賞受賞．

10月，(1月からの半日勤務を経て)大学の通常勤務に戻る．
◆10月，吉田正行死去．
◆国連「障害者の権利条約」特別委員会に門川ら傍聴参加．同条約国連特別委員会で合意．
◆障害者自立支援法施行に基づき，盲ろう者通訳・介助員養成・研修事業および盲ろう者向け通訳・介助員派遣事業が，都道府県地域生活支援事業に位置づけられる．

2007 3月，国際協力推進事業で韓国調査へ．韓国に「韓国視聴覚障碍自立と支援会」設立．
◆3月，全国盲ろう者協会理事長に阪田雅裕前内閣法制局長官就任．

2008 5月，東京大学より学術博士号を授与．
6月，NHK『ようこそ先輩』放映．

10月，東大教授．

◆10月，障害者自立支援法違憲訴訟，東京，埼玉，滋賀，京都，大阪，兵庫，広島，福岡の8地裁に障害のある当事者たち29人が提訴．

2009 3月，盲ろう者協会の国際協力推進事業で門川らとネパールを訪問．

4月，英国・マンチェスター・メトロポリタン大学での東大フォーラムで「盲ろう者と障害学」のテーマで講演．

5月，東京都盲ろう者支援センターが，台東区浅草橋で活動開始．盲ろう者のための支援センターで自治体の事業として初めて．母・令子が子育てエッセー集『さとしわかるか』(朝日新聞出版)を出版．

6月，NHK「爆笑問題のニッポンの教養(爆問学問)」の，「私は　ここに　いる　障害学・福島智」が放映．話題になる．

◆8月，衆院選で民主党が圧勝，政権交代．

◆9月，鳩山由紀夫内閣発足．長妻昭厚労相が障害者自立支援法廃止を明言．

10月，アフリカ・ウガンダで・ヘレン・ケラー世界会議，世界盲ろう者連盟総会が開かれ，アジア地域代表として報告．同地域代表に再選される．

◆12月，「障がい者制度改革推進本部」設置．

2010 ◆1月，障害者自立支援法違憲訴訟で，原告・弁護団と厚労省が和解にむけて「基本合意」．厚労相は自立支援法の廃止を約束する．「障がい者制度改革推進会議」が発足(26人の構成員(うち2人オブザーバー)中，障害当事者(家族含む)が14人と過半数は日本で初)．門川が委員，福島はオブザーバーに．

3月，エッセー『生きるって人とつながることだ！　全盲ろうの東大教授・福島智の手触り人生』(素朴社)を出版．

3月，中国・南京大学で「盲ろう者の視点で考える障害学と身体」を集中講義．

◆3月～4月，自立支援法違憲訴訟14地裁で和解成立．鳩山首相が陳謝する．

	10月，米ニューヨークで1年間の在外研究生活に入る，ヘレン・ケラー・センターなどで研究．年末一端帰国．
	10月，榎本悠起枝死去．
2011	1月，ニューヨークへ戻る．秋篠宮紀子さまがセンターを訪問．案内する．
	2月，適応障害が再発．
	3月11日，東日本大震災．
	7月，博士論文をもとに，『盲ろう者として生きて　指点字によるコミュニケーションの復活と再生』(明石書店)を出版．
	◆7月，障害者基本法改正案成立．
	◆8月，障がい者制度改革推進会議が，自立支援法に代わる新法(障害者総合福祉法)へ向けて「骨格提言」をまとめる．
	10月，帰国．
2012	◆2月，同推進会議・総合福祉部会で，自立支援法が実質的には廃止されないことに，「裁判での和解が実現しないようでは国民は何を信じればよいのか」と発言．
	2月，政府の国家戦略会議・幸福のフロンティア部会委員．意見書「幸福のカギを握る「自分」と出会うコミュニケーション」を提出．
	12月，適応障害など体調不良で，3カ月の病気休暇に入る．
	◆12月，衆院選で自民大勝．自公連立で3年ぶりに政権奪還．第2次安倍晋三内閣発足．
2013	3月，病休から復帰．第9回ヘルシー・ソサエティ賞(教育者部門)受賞．
	◆6月，障害者差別解消法案成立(施行2016年)．
	11月，フィリピンでの世界盲ろう者連盟総会でアジア地域代表に再選される．
2014	◆1月，政府が国連「障害者権利条約」批准．世界で141番目(欧州連合を含む)．2月発効．
	6月，塩谷治死去．
	◆12月，衆院選で自公大勝．第3次安倍内閣発足(自公連立)．

参考文献

『福島智における視覚・聴覚の喪失と「指点字」を用いたコミュニケーション再構築の課程に関する研究』(福島智著，2008年，東京大学，博士論文)

『盲ろう者とノーマライゼーション――癒しと共生の社会をもとめて』(福島智著，明石書店，1997年)

『渡辺荘の宇宙人――指点字で交信する日々』(福島智著，素朴社，1995年)

『ゆびで聴く――盲ろう青年福島智君の記録』(福島智君とともに歩む会　小島純郎・塩谷治編著，松籟社，1988年)

『盲ろう者についていく』(小島純郎著，近代文芸社，2001年)

『障害学生の贈り物――点字と手話の世界から』〔寄稿集〕(小島純郎著，近代文芸社，1996年)

『共に学び，共に生きる――点字・手話を通して開いた世界』〔講演集〕(小島純郎著，近代文芸社，1994年)

『指先で紡ぐ愛――グチもケンカもトキメキも』(光成沢美著，講談社，2003年)

『手は何のためにあるか』(山田宗睦ほか共著，風人社，1990年)

『盲ろう者への通訳・介助――「光」と「音」を伝えるための方法と技術』(全国盲ろう者協会編著，読書工房，2008年)

『見えなくても、きこえなくても。――光と音をもたない妻と育んだ絆』(大平一枝著，安部まゆみ写真，主婦と生活社，2006年)

『いつくしみの視野――全盲ママの愛と感動の育児記録』(曽根富美子著，取材協力・甲賀佳子，ベネッセコーポレーション，1997年)

『わたしの生涯』(ヘレン・ケラー著，岩橋武夫訳，角川文庫，1966

年)
『青い鳥のうた　ヘレン・ケラーと日本』(岩橋英行著，日本放送出版協会，1980 年)
『障害とは何か ── ディスアビリティの社会理論に向けて』(星加良司著，生活書院，2007 年)
『死と愛 ── 実存分析入門』(ヴィクトール・フランクル著，霜山徳爾訳，みすず書房，1985 年)
『虹になりたい ── ヘレン・ケラーと張り合う母の手記』(御所園《ごしょぞの》悦子著，学書，1994 年)
『盲ろう者のしおり 2008 ── 盲ろう者福祉の理解のために』(全国盲ろう者協会パンフレット)

指点字一覧表(パーキンス式)

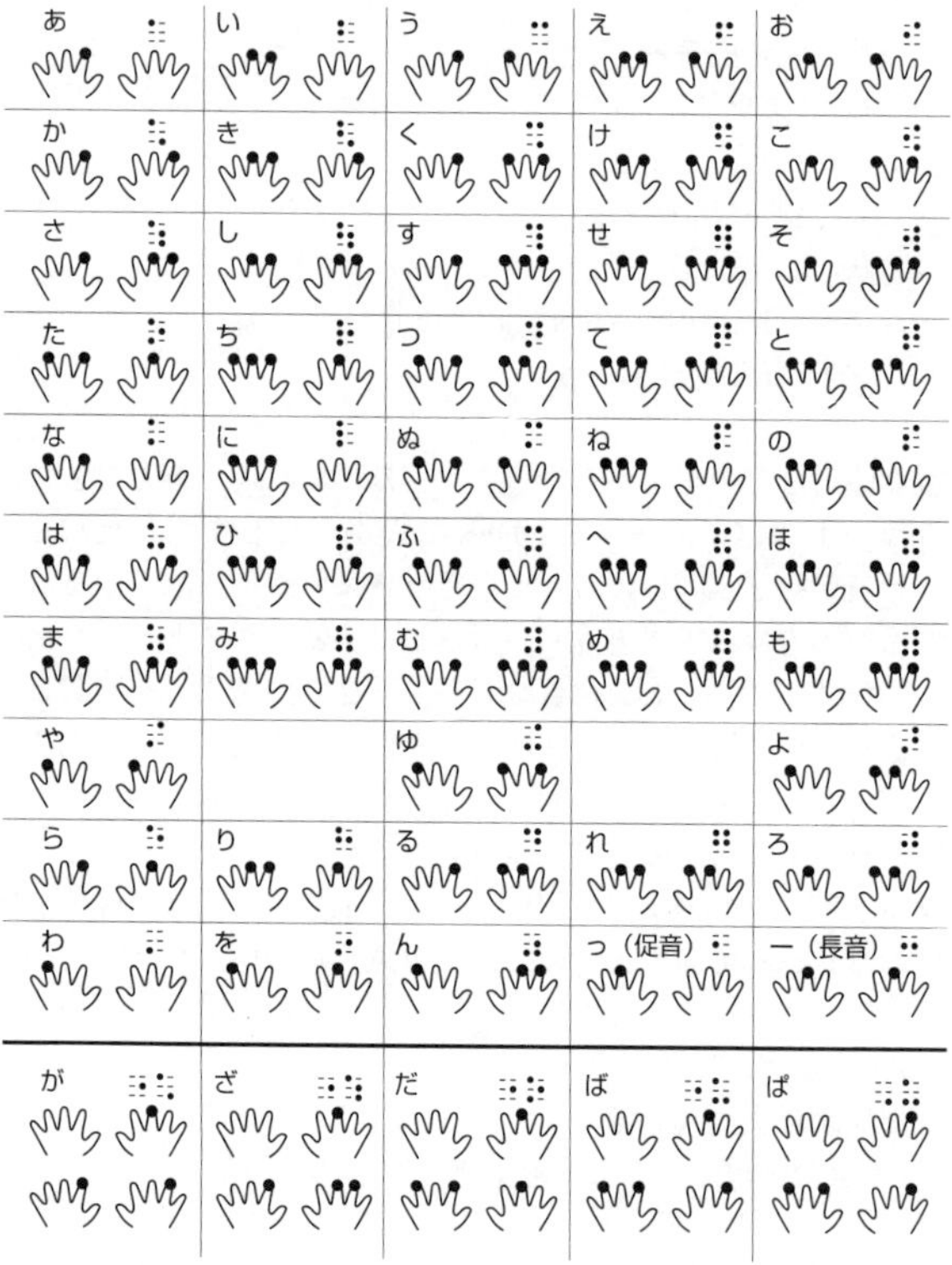

『盲ろう者への通訳・介助――「光」と「音」を伝えるための方法と技術』(全国盲ろう者協会編著，読書工房刊より)

• 盲ろう者に関する問い合わせや情報提供は，下記までお願いいたします．

社会福祉法人全国盲ろう者協会
〒162-0042 東京都新宿区早稲田町 67 番地
早稲田クローバービル 3 階
電話：03-5287-1140
FAX：03-5287-1141
ホームページは，http://www.jdba.or.jp/
E メールは，info@jdba.or.jp

• 視覚障害などの理由から本書をお読みになれない方を対象に，テキストの電子データを CD-R で提供いたします．ただし，発行日から 3 年間に限らせていただきます．

ご希望の方は，①本書カバー折返しにあるテキストデータ引換券(コピー不可)，②奥付頁コピー，③ 200 円切手，を同封し，お送り先の郵便番号，ご住所，お名前をご明記の上，下記までお申し込みください．

データはテキストのみで，イラストや写真は含まれません．

なお，第三者への貸与，配信，ネット上での公開などは著作権法で禁止されておりますので，ご留意ください．

〒101-8002 東京都千代田区一ツ橋 2-5-5
岩波書店現代文庫編集部
『ゆびさきの宇宙』テキスト電子データ送付係

★期限を過ぎましたので，現在では提供を行っておりません．あしからずご了承下さい．

ゆびさきの宇宙 福島智・盲ろうを生きて

2015年 2月17日 第1刷発行
2022年12月26日 第3刷発行

著 者 生井久美子《いくいくみこ》

発行者 坂本政謙

発行所 株式会社 岩波書店
〒101-8002 東京都千代田区一ツ橋 2-5-5

案内 03-5210-4000 営業部 03-5210-4111
https://www.iwanami.co.jp/

印刷・精興社 製本・中永製本

ISBN 978-4-00-603281-4 Printed in Japan

岩波現代文庫創刊二〇年に際して

二一世紀が始まってからすでに二〇年が経とうとしています。この間のグローバル化の急激な進行は世界のあり方を大きく変えました。世界規模で経済や情報の結びつきが強まるとともに、国境を越えた人の移動は日常の光景となり、今やどこに住んでいても、私たちの暮らしは世界中の様々な出来事と無関係ではいられません。しかし、グローバル化の中で否応なくもたらされる「他者」との出会いや交流は、新たな文化や価値観だけではなく、摩擦や衝突、そしてしばしば憎悪までをも生み出しています。グローバル化にともなう副作用は、その恩恵を遥かにこえていると言わざるを得ません。

今私たちに求められているのは、国内、国外にかかわらず、異なる歴史や経験、文化を持つ「他者」と向き合い、よりよい関係を結び直してゆくための想像力、構想力ではないでしょうか。

新世紀の到来を目前にした二〇〇〇年一月に創刊された岩波現代文庫は、この二〇年を通して、哲学や歴史、経済、自然科学から、小説やエッセイ、ルポルタージュにいたるまで幅広いジャンルの書目を刊行してきました。一〇〇〇点を超える書目には、人類が直面してきた様々な課題と、試行錯誤の営みが刻まれています。読書を通した過去の「他者」との出会いから得られる知識や経験は、私たちがよりよい社会を作り上げてゆくために大きな示唆を与えてくれるはずです。

一冊の本が世界を変える大きな力を持つことを信じ、岩波現代文庫はこれからもさらなるラインナップの充実をめざしてゆきます。

（二〇二〇年一月）

S281
ゆびさきの宇宙
福島智・盲ろうを生きて

生井久美子

盲ろう者として幾多のバリアを突破してきた東大教授・福島智の生き方に魅せられたジャーナリストが密着、その軌跡と思想を語る。

S282
釜ケ崎と福音
―神は貧しく小さくされた者と共に―

本田哲郎

神の選びは社会的に貧しく小さくされた者の中にこそある！　釜ケ崎の労働者たちと共に二十年を過ごした神父の、実体験に基づく独自の聖書解釈。

S283
考古学で現代を見る

田中琢

新発掘で本当は何が「わかった」といえるか？　考古学とナショナリズムとの危うい関係とは？　発掘の楽しさと現代とのかかわりを語るエッセイ集。〈解説〉広瀬和雄

S284
家事の政治学

柏木博

急速に規格化・商品化が進む近代社会の軌跡と重なる「家事労働からの解放」の夢。家庭という空間と国家、性差、貧富などとの関わりを浮き彫りにする社会論。

S285
河合隼雄の読書人生
―深層意識への道―

河合隼雄

臨床心理学のパイオニアの人生に影響をおよぼした本とは？　読書を通して著者が自らの人生を振り返る、自伝でもある読書ガイド。〈解説〉河合俊雄

岩波現代文庫[社会]

S286
平和は「退屈」ですか
—元ひめゆり学徒と若者たちの五〇〇日—
下嶋哲朗

沖縄戦の体験を、高校生と大学生が語り継ぐプロジェクトの試行錯誤の日々を描く。社会人となった若者たちに改めて取材した新稿を付す。

S287
野口体操入門
—からだからのメッセージ—
羽鳥操

「人間のからだの主体は脳でなく、体液である」という身体哲学をもとに生まれた野口体操。その理論と実践方法を多数の写真で解説。

S288
日本海軍はなぜ過ったか
—海軍反省会四〇〇時間の証言より—
澤地久枝
半藤一利
戸髙一成

勝算もなく、戦争へ突き進んでいったのはなぜか。「勢いに流されて——」。いま明かされる海軍トップエリートたちの生の声。肉声の証言がもたらした衝撃をめぐる白熱の議論。

S289-290
アジア・太平洋戦争史(上・下)
—同時代人はどう見ていたか—
山中恒

いったい何が自分を軍国少年に育て上げたのか。三〇年来の疑問を抱いて、戦時下の出版物を渉猟し書き下ろした、あの戦争の通史。

S291
戦下のレシピ
—太平洋戦争下の食を知る—
斎藤美奈子

十五年戦争下の婦人雑誌に掲載された料理記事を通して、銃後の暮らしや戦争について知るための「読めて使える」ガイドブック。文庫版では占領期の食糧事情について付記した。

2022.12

S292
食べかた上手だった日本人
―よみがえる昭和モダン時代の知恵―
魚柄仁之助

八〇年前の日本にあった、モダン食生活のユートピア。食料クライシスを生き抜くための知恵と技術を、大量の資料を駆使して復元!

S293
新版 報復ではなく和解を
―ヒロシマから世界へ―
秋葉忠利

長年、被爆者のメッセージを伝え、平和活動を続けてきた秋葉忠利氏の講演録。好評を博した旧版に三・一一以後の講演三本を加えた。

S294
新島襄
和田洋一

キリスト教を深く理解することで、日本の近代思想に大きな影響を与えた宗教家・教育家、新島襄の生涯と思想を理解するための最良の評伝。〈解説〉佐藤 優

S295
戦争は女の顔をしていない
スヴェトラーナ・アレクシエーヴィチ
三浦みどり訳

ソ連では第二次世界大戦で百万人をこえる女性が従軍した。その五百人以上にインタビューした、ノーベル文学賞作家のデビュー作にして主著。〈解説〉澤地久枝

S296
ボタン穴から見た戦争
―白ロシアの子供たちの証言―
スヴェトラーナ・アレクシエーヴィチ
三浦みどり訳

一九四一年にソ連白ロシアで十五歳以下の子供だった人たちに、約四十年後、戦争の記憶がどう刻まれているかをインタビューした戦争証言集。〈解説〉沼野充義

S297
フードバンクという挑戦
―貧困と飽食のあいだで―
大原悦子

食べられるのに捨てられてゆく大量の食品。一方に、空腹に苦しむ人びと。両者をつなぐフードバンクの活動の、これまでとこれからを見つめる。

S298
いのちの旅
「水俣学」への軌跡
原田正純

水俣病公式確認から六〇年。人類の負の遺産「水俣」を将来に活かすべく水俣学を提唱した著者が、様々な出会いの中に見出した希望の原点とは。〈解説〉花田昌宣

S299
紙の建築　行動する
―建築家は社会のために何ができるか―
坂　茂

地震や水害が起きるたび、世界中の被災者のもとへ駆けつける建築家が、命を守る建築の誕生とその人道的な実践を語る。カラー写真多数。

S300
犬、そして猫が生きる力をくれた
―介助犬と人びとの新しい物語―
大塚敦子

保護された犬を受刑者が介助犬に育てるという米国での画期的な試みが始まって三〇年。保護猫が刑務所で受刑者と暮らし始めたこと、元受刑者のその後も活写する。

S301
沖縄　若夏の記憶
大石芳野

戦争や基地の悲劇を背負いながらも、豊かな風土に寄り添い独自の文化を育んできた沖縄。その魅力を撮りつづけてきた著者の、珠玉のフォトエッセイ。カラー写真多数。

2022.12

岩波現代文庫［社会］

S302
機会不平等
斎藤貴男

機会すら平等に与えられない〝新たな階級社会の現出〟を粘り強い取材で明らかにした衝撃の著作。最新事情をめぐる新章と、森永卓郎氏との対談を増補。

S303
私の沖縄現代史
―米軍支配時代を日本〈ヤマト〉で生きて―
新崎盛暉

敗戦から返還に至るまでの沖縄と日本の激動の同時代史を、自らの歩みと重ねて描く。日本〈ヤマト〉で「沖縄を生きた」半生の回顧録。岩波現代文庫オリジナル版。

S304
私の生きた証はどこにあるのか
―大人のための人生論―
H・S・クシュナー
松宮克昌訳

私の人生にはどんな意味があったのか？ 人生の後半を迎え、空虚感に襲われる人々に旧約聖書の言葉などを引用し、悩みの解決法を提示。岩波現代文庫オリジナル版。

S305
戦後日本のジャズ文化
―映画・文学・アングラ―
マイク・モラスキー

占領軍とともに入ってきたジャズは、アメリカそのものだった！ 映画、文学作品等の中のジャズを通して、戦後日本社会を読み解く。

S306
村山富市回顧録
薬師寺克行編

戦後五五年体制の一翼を担っていた日本社会党は、その誕生から常に抗争を内部にはらんでいた。その最後に立ち会った元首相が見たものは。

2022. 12

S307
大逆事件
―死と生の群像―
田中伸尚

天皇制国家が生み出した最大の思想弾圧「大逆事件」。巻き込まれた人々の死と生を描き出し、近代史の暗部を現代に照らし出す。〈解説〉田中優子

S308
「どんぐりの家」のデッサン
漫画で障害者を描く
山本おさむ

かつて障害者を漫画で描くことはタブーだった。漫画家としての著者の経験から考えてきた、障害者を取り巻く状況を、創作過程の試行錯誤を交え、率直に語る。

S309
鎖塚
―自由民権と囚人労働の記録―
小池喜孝

北海道開拓のため無残な死を強いられた囚人たちの墓、鎖塚。犠牲者は誰か。なぜその地で死んだのか。日本近代の暗部をあばく迫力のドキュメント。〈解説〉色川大吉

S310
聞き書 野中広務回顧録
御厨貴
牧原出 編

二〇一八年一月に亡くなった、平成の政治をリードした野中広務氏が残したメッセージ。五五年体制が崩れていくときに自民党の中で野中氏が見ていたものは。〈解説〉中島岳志

S311
不敗のドキュメンタリー
―水俣を撮りつづけて―
土本典昭

『水俣―患者さんとその世界―』『医学としての水俣病』『不知火海』などの名作映画の作り手の思想と仕事が、精選した文章群から甦る。〈解説〉栗原彬

岩波現代文庫［社会］

S312
増補 隔離 ―故郷を追われたハンセン病者たち―
徳永 進

らい予防法が廃止され、国の法的責任が明らかになった後も、ハンセン病隔離政策が終わり解決したわけではなかった。回復者たちの現在の声をも伝える増補版。〈解説〉宮坂道夫

S313
沖縄の歩み
国場幸太郎
新川 明
鹿野政直 編

米軍占領下の沖縄で抵抗運動に献身した著者が、復帰直後に若い世代に向けてやさしく説き明かした沖縄通史。幻の名著がいま蘇る。〈解説〉新川 明・鹿野政直

S314
ぼくたちはこうして学者になった ―脳・チンパンジー・人間―
松本 元
松沢哲郎

「人間とは何か」を知ろうと、それぞれ新たな学問を切り拓いてきた二人は、どのような生い立ちや出会いを経て、何を学んだのか。

S315
ニクソンのアメリカ ―アメリカ第一主義の起源―
松尾文夫

白人中産層に徹底的に迎合する内政と、中国との和解を果たした外交。ニクソンのしたたかな論理に迫った名著を再編集した決定版。〈解説〉西山隆行

S316
負ける建築
隈 研吾

コンクリートから木造へ。「勝つ建築」から「負ける建築」へ。新国立競技場の設計に携わった著者の、独自の建築哲学が窺える論集。

2022. 12

S317
全盲の弁護士　竹下義樹
小林照幸

視覚障害をものともせず、九度の挑戦を経て弁護士の夢をつかんだ男、竹下義樹。読む人の心を揺さぶる傑作ノンフィクション！

S318
一粒の柿の種
―科学と文化を語る―
渡辺政隆

身の回りを科学の目で見れば…。その何と楽しいことか！　文学や漫画を科学の目で楽しむコツを披露。科学教育や疑似科学にも一言。〈解説〉最相葉月

S319
聞き書 緒方貞子回顧録
野林健
納家政嗣 編

「人の命を助けること」、これに尽きます――。国連難民高等弁務官をつとめ、「人間の安全保障」を提起した緒方貞子。人生とともに、世界と日本を語る。〈解説〉中満泉

S320
「無罪」を見抜く
―裁判官・木谷明の生き方―
木谷明
山田隆司
嘉多山宗 聞き手・編

有罪率が高い日本の刑事裁判において、在職中いくつもの無罪判決を出し、その全てが確定した裁判官は、いかにして無罪を見抜いたのか。〈解説〉門野博

S321
聖路加病院　生と死の現場
早瀬圭一

医療と看護の原点を描いた『聖路加病院で働くということ』に、緩和ケア病棟での出会いと別れの新章を増補。〈解説〉山根基世

S322
菌世界紀行
—誰も知らないきのこを追って—
星野保
大の男が這いつくばって、世界中の寒冷地にきのこを探す。雪の下でしたたかに生きる菌たちの生態とともに綴る、とっておきの〈菌道中〉。〈解説〉渡邊十絲子

S323-324
キッシンジャー回想録 中国(上・下)
ヘンリー・A・キッシンジャー
塚越敏彦ほか訳
世界中に衝撃を与えた米中和解の立役者であるキッシンジャー。国際政治の現実と中国の論理を誰よりも知り尽くした彼が綴った、決定的「中国論」。〈解説〉松尾文夫

S325
井上ひさしの憲法指南
井上ひさし
「日本国憲法は最高の傑作」と語る井上ひさし。憲法の基本を分かりやすく説いたエッセイ、講演録を収めました。〈解説〉小森陽一

S326
増補版 日本レスリングの物語
柳澤健
草創期から現在まで、無数のドラマを描きき る日本レスリングの「正史」にしてエンターテインメント。〈解説〉夢枕獏

S327
抵抗の新聞人 桐生悠々
井出孫六
日米開戦前夜まで、反戦と不正追及の姿勢を貫きジャーナリズム史上に屹立する桐生悠々。その烈々たる生涯。巻末には五男による〈親子関係〉の回想文を収録。〈解説〉青木理

2022. 12

S328
人は愛するに足り、真心は信ずるに足る
―アフガンとの約束―
中村哲
澤地久枝(聞き手)

戦乱と劣悪な自然環境に苦しむアフガンで、人々の命を救うべく身命を賭して活動を続けた故・中村哲医師が熱い思いを語った貴重な記録。

S329
負け組のメディア史
―天下無敵 野依秀市伝―
佐藤卓己

明治末期から戦後にかけて「言論界の暴れん坊」の異名をとった男、野依秀市。忘れられた桁外れの鬼才に着目したメディア史を描く。〈解説〉平山 昇

S330
ヨーロッパ・コーリング・リターンズ
―社会・政治時評クロニクル 2014-2021―
ブレイディみかこ

人か資本か。優先順位を間違えた政治は希望を奪い貧困と分断を拡大させる。地べたから英国を読み解き日本を照らす、最新時評集。

S331
増補版 悪役レスラーは笑う
―「卑劣なジャップ」グレート東郷―
森 達也

第二次大戦後の米国プロレス界で「卑劣な日本人」を演じ、巨万の富を築いた伝説の悪役レスラーがいた。謎に満ちた男の素顔に迫る。

S332
戦争と罪責
野田正彰

旧兵士たちの内面を精神病理学者が丹念に聞き取る。罪の意識を抑圧する文化において豊かな感情を取り戻す道を探る。